Politik im Taschenbuch, Band 20

# Wolfgang Gisevius

# Leitfaden
## durch die
# Kommunalpolitik

Verlag J.H.W. Dietz Nachfolger

Die Deutsche Bibliothek – CIP-Einheitsaufnahme

**Gisevius, Wolfgang:**
Leitfaden durch die Kommunalpolitik / Wolfgang Gisevius. –
Neuausg., 1.–7. Tsd. – Bonn : Dietz, 1997
(Politik im Taschenbuch ; Bd. 20)
ISBN 3-8012-0260-7

Neuausgabe (1.–7. Tsd.) 1997
Die bisherige Ausgabe erschien unter demselben
Titel in vier Auflagen, zuletzt 1994 (Gesamtauflage: 32 Tsd.)
ISBN 3-8012-0260-7

Copyright © 1997 by Verlag J.H.W. Dietz Nachfolger GmbH, Bonn
In der Raste 2, D-53129 Bonn
Lektorat: Dr. Heiner Lindner
Umschlag: Manfred Waller, Reinbek
(Foto: Verkehrsamt der Stadt Essen)
Druck und Verarbeitung: Ebner Ulm
Alle Rechte vorbehalten
Printed in Germany 1997

# Inhalt

Kapitel XVII

# Vorwort

Dies ist ein Buch für alle, die Kommunalpolitik mitgestalten wollen. Und das kann man auf vielfältige Art tun: Als „Einzelkämpfer", z. B. in Stadtteilversammlungen, oder zusammen mit anderen in Bürgerinitiativen, in einer Partei oder als Mitglied des Gemeindeparlaments.

Das Buch will helfen, einen Einstieg in lokale Politik zu erleichtern. Es informiert über gedankliche und organisatorische Zusammenhänge und erklärt die allgemeinen Entscheidungsabläufe. Für das aktive Handeln muß sich jedoch jeder selbst um die ganz speziellen Verhältnisse in seinem Ort kümmern.

Nur während der Nazi-Zeit gab es eine für alle deutschen Länder einheitliche Kommunalverfassung. Da die kommunale Selbstverwaltung Ländersache ist, gelten heute in den Bundesländern unterschiedliche Gemeindeordnungen. Deshalb gibt es manche Begriffe, deren Bedeutung nicht überall gleich ist, z. B. Bürgermeister*, der in den einzelnen Bundesländern unterschiedliche rechtliche Befugnisse hat.

Für die vielen miteinander in Konkurrenz stehenden Begriffe, wie Gemeinderat, Gemeindevertretung, Stadtrat, Stadtverordnetenversammlung sowie in den Hansestädten auch „Bürgerschaft", die alle dasselbe meinen, wird deshalb in diesem Buch die einheitliche Bezeichnung Gemeindeparlament bzw. Gemeindevertretung gewählt.

Von der Vielfalt der Begriffe sollte man sich jedoch nicht abschrecken lassen, dahinter stehen in der Regel vergleichbare Aufgaben, vor denen alle Gemeinden gemeinsam stehen.

Um diese Aufgaben anzupacken, bedarf es engagierter Bürger. Sie können diesen Leitfaden benutzen, um über Informationen zum besseren Handeln zu kommen.

---

* Obwohl diese Funktion Männern und Frauen offensteht, ist im folgenden aus Gründen der Lesbarkeit von „dem" Bürgermeister die Rede. Entsprechendes gilt für andere Begriffe, z. B. Vorsitzender, Bürger etc.

# Kapitel I
# Ohne Kommunalpolitik geht es nicht

## 1. Nahe am Bürger: Demokratie fängt in der Gemeinde an

Die Gemeinden haben eine unverzichtbare Rolle als Ansprechpartner für die Bürger. Die Auswirkungen der lokalen Entscheidungen auf die konkrete Lebenssituation des einzelnen Bürgers halten das Interesse an der örtlichen Handlungsfähigkeit wach.

Allerdings scheint es so, daß die Auseinandersetzung mit „zentraler" Politik durch Rundfunk und Fernsehen die Wahrnehmung örtlicher Angelegenheiten gemindert hat. Andererseits gehören die Spalten des Lokalteils der Tagespresse zu den meistgelesenen Zeitungsseiten. Aber nur ein Teil der Bevölkerung bezieht überhaupt eine lokale Tageszeitung.

Obwohl für manche Politiker die Kommunalpolitik nur als ein Durchgangsstadium hin zur „richtigen" Politik auf staatlicher Ebene gilt, stellt die kommunale Ebene immer noch das lebensnahe, bürgernahe Fundament unseres politischen Systems dar.

Bereits in der Gemeinde wird darüber entschieden, welche Chancen Menschen für ihre Lebensgestaltung erhalten. Hat mein Kind einen Kindergartenplatz? Finde ich eine Seniorenwohnung? Welches schulische, kulturelle Angebot gibt es? Kommunalpolitik ist deshalb auch Gesellschaftspolitik.

## 2. Der Politikbegriff: Politik machen heißt auswählen

Politik bedeutet das Auswählen unter alternativen Handlungsmöglichkeiten.

Diese Alternativen sind das Produkt unterschiedlicher (Grup-

pen-)Interessen, die man manchmal erst erfragen bzw. herausar-
beiten muß, um sie erkennen zu können („Wem nützt bzw. scha-
det eine Sache?"). Die Entscheidungsalternativen beruhen dabei
auf Wertvorstellungen, die von einem bestimmten Menschen-
bild (z. B. „Gesellschaft der Freien und Gleichen") und einer ge-
wollten gesellschaftlichen Ordnung ausgehen. Erkennt man aber
unterschiedliche Interessen und unterschiedliche Wertvorstellungen an, dann kann es keine allgemeingültige „richtige" Politik geben, sondern nur die für mich und meine Gruppe positive
Politik. Zur Beurteilung von Politik darf man im übrigen nicht
nur die Entscheidungen beurteilen, sondern muß auch die
„Nicht-Entscheidungen" beachten, das, was (manchmal bewußt)
nicht geregelt wurde, z. B. unterlassene Seniorenpolitik oder
fehlende Kontrolle der betrieblichen Altlasten.

## 3. Problemlösungskompetenz:
   Politik ist mehr als verwalten

Entscheidungen zu treffen ist also die Hauptaufgabe der Kommunalpolitiker, wobei die Entscheidung allein noch nicht ausreicht. Sie muß auch mit der Bürgerschaft *gemeinsam umsetz-
bar* sein. Durchsetzbare Entscheidungen beruhen daher auf
*realistischen Grundlagen*. Das bedeutet nicht, die oft vorgebrachten „*Sachzwänge*" unkritisch anzuerkennen. Jedoch ist die
lokale Ebene kein autonomer Bereich. Die kommunale Selbstverwaltung bildet die *unterste Stufe des öffentlichen Verwal-
tungsaufbaus*. Sie ist daher mit allen anderen politischen Einhei-
ten wie z. B. den Nachbargemeinden, dem Kreis, dem Land usw.
eng verflochten.
   Realistische Kommunalpolitik zeichnet sich dadurch aus,
Sachzwänge zu verstehen (dabei können Experten helfen) und
nach Handlungsmöglichkeiten zu suchen. Wäre Kommunalpolitik nur der Vollzug von Sachzwängen oder das Nachvollziehen
von Entscheidungen, die auf staatlicher oder wirtschaftlicher
Ebene bereits andere getroffen haben, so fehlte das typisch „Politische", das Auswählen unter Handlungsalternativen.

Kommunalpolitik verfehlt ihre Aufgabe, wenn sie sich zuviel an Umgestaltung vornimmt und den Bürgern zumutet, aber eben auch, wenn sie sich zuwenig zutraut. Politik ist mehr als Verwaltung. Während *Verwaltung* auf der Grundlage früherer Entscheidungen, die zu Regelungen durch Gesetze, Erlasse und Satzungen geführt haben, arbeitet, wendet sich *Politik* den noch ungeregelten offenen Problemen zu.

Um glaubwürdig zu sein, muß sich Kommunalpolitik *neue Aufgaben* stellen und Handlungsspielräume sichern. Gerade in Zeiten von Veränderungen brauchen wir eine bewußte Politik, die geprägt ist vom *Bürgerdialog*. Die Zukunftsfähigkeit des städtischen Zusammenlebens muß zur Diskussion gestellt werden, auf der steten Suche nach einem neuen Konsens.

## 4. Keine lokale Demokratie ohne Engagement

Frage nicht, was deine Stadt für dich tun kann, frage, was du für deine Stadt tun kannst (frei nach Präsident John F. Kennedy).

Ein aktiver Bürgerdialog zwischen Politik, Verwaltung, Bürgern und Experten ist eine Situation, die immer neu geschaffen werden muß. Sie setzt engagierte Bürger voraus, die sich um Informationen und das Zusammenleben kümmern. Der zu beobachtende Trend zum *Rückzug ins Private* verzichtet auf Einfluß bereits dort, wo er im lokalen Umfeld am einfachsten ausgeübt werden kann. Ob ein Jugendcafé eingerichtet oder ein Kompostwerk gebaut wurde, kann schließlich täglich überprüft werden.

Neben dem Individualismus ist die *Harmoniesucht* ein weitverbreiteter Grund, sich vom Streit der Interessen mit Grausen abzuwenden. *Politikfähigkeit* und damit auch Konfliktfähigkeit erfordern jedoch eine demokratische *Streitkultur*. Diese geht von unterschiedlichen Interessen aus, die normalerweise auch zu Konflikten führen. Um Streitkultur handelt es sich dann, wenn beide Kontrahenten(-gruppen) trotz aller unterschiedlichen Bewertung der Fakten an einem Ergebnis interessiert sind, durch das keine Seite völlig unterdrückt wird. Manchmal ist eine Kompromißlösung, die den Nutzen für die Bürger optimiert, nur unter Einschaltung eines Dritten als *Moderator* möglich (Mediation).

Die Zahl derer, die sich nicht in der Politik engagieren wollen oder die sich enttäuscht wegen der ständigen Querelen zurückziehen, steigt an und zeigt sich an der sinkenden Wahlbeteiligung. Dabei tritt nicht selten die paradoxe Wirkung auf, daß Personen, die aus Verärgerung über die Mehrheit nicht (mehr) wählen gehen, damit ungewollt die bestehende Mehrheit stützen. Denn bei einer schrumpfenden Wahlbeteiligung und einer relativ stabilen Stammwählerschaft der Mehrheitspartei reicht ein geringerer Wähleranteil zur Mehrheit. Auch Splitterparteien mit fester Stammwählerschaft können so leichter die 5-Prozent-Hürde überspringen.

## 5. Ohne Stadt ist kein Staat zu machen

Die Folgen eines auf den Staat fixierten („etatistischen") Denkens sind Ohnmachtsgefühle sowohl bei den Kommunalpolitikern als auch bei der lokalen Verwaltung. Eine derartige Entpolitisierung ist aber auch bei den Bürgern festzustellen, wenn ihr Einfluß auf der Gemeindeebene sinkt und die örtlichen Lebenszusammenhänge durch einen anonymen, fernen Staat beeinflußt werden. Dies gilt auch und gerade für den Prozeß der zu schaffenden einheitlichen Lebensverhältnisse in der vergrößerten Bundesrepublik, ferner für das Ziel der Einheit Europas.

Staatliche Verantwortung für den Sozialstaat und die Gleichwertigkeit der Lebensverhältnisse dürfen nicht dazu führen, daß die kommunale Ebene austrocknet und an Initiative, Bürgernähe und Lebenskraft verliert. Angesichts des ökonomischen, gesellschaftlichen und politischen Wandels wird immer deutlicher, wie wichtig das Funktionieren einer bürgernahen kommunalen Politik und Verwaltung ist.

# Kapitel II

# Wie kann man sich an der Kommunalpolitik beteiligen?

## 1. Verfassungsrechtliche Beteiligungsmöglichkeiten

a) Nach den Bestimmungen des Artikels 28 Abs. 1 des Grundgesetzes muß das Volk in den Ländern, Kreisen und Gemeinden eine Vertretung haben, die aus allgemeinen, unmittelbaren, freien, gleichen und geheimen *Wahlen* hervorgegangen ist. Die Erwähnung der Kommunalwahl im Grundgesetz macht deutlich, daß sie das wichtigste Mitwirkungsrecht darstellt. Zusätzlich zur Gemeindevertretung wählt die Bevölkerung – inzwischen in der Mehrheit der Bundesländer – direkt den (Ober-)Bürgermeister als den leitenden Verwaltungsbeamten.

b) Abgesehen von der praktisch bedeutungslosen Regelung über die *Gemeindeversammlung* als Form direkter Demokratie in Kleingemeinden, beinhalten das Grundgesetz und die Länderverfassungen keine weiteren Bestimmungen über besondere kommunalpolitische Beteiligungsrechte. Allerdings eröffnen die Grundrechte weitergehende Möglichkeiten:

c) Das *Versammlungs- und Vereinigungsrecht* bietet eine wesentliche Grundlage für die Einflußnahme von Bürgerinnen und Bürgern auf die lokale Politik, z. B. durch Bürgerversammlungen und Demonstrationen.

d) Die Mitwirkung der *Parteien* an der politischen Willensbildung des Volkes hat eine besondere Bedeutung auf kommunaler Ebene, weil hier die Parteimitglieder direkten Einfluß auf die politischen Entscheidungen vor Ort nehmen können.

e) Und schließlich garantiert der *Rechtsschutz*, der sich aus Artikel 19 Abs. 4 des Grundgesetzes ergibt, daß jeder gegenüber allen Maßnahmen der öffentlichen Gewalt Rechtsmittel einlegen kann. Das Verfahren der Rechtsmittel und anderer

*Abbildung 1:* Bürgerbeteiligung

| | |
|---|---|
| In der Verfassung verankerte Rechte | Kommunalwahl Versammlungs- und Vereinigungsrecht Mitwirkung der Parteien Rechtsschutz |
| Weitere Bürgerbeteiligung auf gesetzlicher Grundlage | Bürgerentscheid Bürgerbegehren Bürgerantrag Bürgerversammlung Bürgerfragestunde Beschwerderecht Anregungen nach § 3 Baugesetzbuch |
| Freiwillige Beteiligungsangebote der Kommunen | Informationsarbeit der Gemeinde, Befragungen, Hearings, Planungsforen, Bürgergutachten, Beiräte, Beauftragte, ehrenamtliche Funktionen |
| Organisierte Mitarbeit | Bürgerinitiativen Mitarbeit in Parteien Sachkundige Bürger Ausschußmitglied Bezirks-, Orts-, Gemcindevertreter |

Rechtsbehelfe richtet sich im kommunalen Bereich meist nach der Verwaltungsgerichtsordnung (VwGO) und dem nach Landesrecht anzuwendenden Verwaltungsverfahrensgesetz (VwVfG).

Dabei ist das wichtigste Rechtsmittel gegen kommunale Entscheidungen der *Widerspruch* gegen Verwaltungsakte. Er dient dazu, vor Anrufung des zuständigen Gerichts in einem verwaltungsinternen Verfahren nachzuprüfen, ob der erlassene beanstandete Verwaltungsakt rechtmäßig und zweckmäßig war. Bei erfolglosem Widerspruch kann der Betroffene innerhalb eines Monats das Verwaltungsgericht anrufen und auf diesem Wege seine Interessen weiter verfolgen. Das Verwaltungsgericht prüft dann das Handeln der Kommune auf seine Rechtmäßigkeit hin.

## 2. Weitere gesetzliche Mitwirkungsmöglichkeiten

Als Element einer direkten Demokratie kann das *Bürgerbegehren* mit dem folgenden *Bürgerentscheid* gelten. Dieses Verfahren ermöglicht den Bürgern in wichtigen kommunalen Angelegenheiten ein direktes Entscheidungsrecht, das im Erfolgsfall einen Beschluß der Gemeindevertretung ersetzt.

Ein kommunalpolitisches Thema muß (erneut) zur Debatte gestellt werden, wenn eine festgelegte Prozentzahl der Wahlberechtigten dies per Unterschrift innerhalb einer gesetzten Frist fordert. Dabei ist das Bürgerbegehren an Bedingungen geknüpft, die sich aus der jeweiligen Gemeindeordnung des Landes ergeben. So gibt es einen Katalog von Kernaufgaben, die einer solchen Abstimmung entzogen sind. Auch muß das Begehren einen Finanzierungsvorschlag enthalten.

Beharrt der Rat auf der einmal getroffenen Entscheidung, können sich die Unzufriedenen mit einem Bürgerentscheid direkt ans Wahlvolk wenden. Wenn sich mindestens ein Viertel der Bürger auf die Seite des Bürgerentscheids schlägt und dabei dessen Gegner überstimmt, gilt der Bürgerentscheid als erfolgreich.

Während z. B. Rheinland-Pfalz und Niedersachsen alle Einwohner (also auch dort wohnhafte Ausländer) in die Bürgerbegehren einbeziehen, begrenzen andere Gemeindeordnungen die Antragsberechtigten auf die (Wahl-)Bürger der Gemeinde.

Unter verschiedenen Bezeichnungen wie *Einwohnerantrag/Bürgerantrag/Petitionsrecht* bieten Gemeindeordnungen auch einzelnen Bürgern die Möglichkeit, die Gemeindevertretung zu zwingen, bestimmte Themen aufzugreifen. Ein Bürgerantrag beläßt jedoch die Entscheidung bei der Gemeindevertretung.

Darüber hinaus gibt es einen Fächer von verschiedenen *Anhörungsrechten*. Hierzu gehört die *Bürgerversammlung*, die in ihrem tatsächlichen Ablauf in erster Linie als Informations- und Selbstdarstellungsinstrument der Verwaltung dient. Baden-Württemberg und Nordrhein-Westfalen gaben ihren Gemeindevertretungen die Möglichkeit, *Bürgerfragestunden* einzurichten.

Zu den Anhörungsrechten gehört schließlich § 3 des Baugesetzbuches der Bundesrepublik, in dem geregelt wird, daß die Bürger möglichst frühzeitig über die Ziele und Zwecke der *Bauleitplanung* zu informieren sind. Die Entwürfe der Pläne sind zumindest für die Dauer eines Monats öffentlich auszulegen, und die vorgebrachten Bedenken und Anregungen sind zu prüfen. Das Ergebnis muß dem Bürger mitgeteilt werden.

## 3. Freiwillige Beteiligungsangebote der Kommunen

Das Interesse der Bürgerschaft an den kommunalen Belangen ist auch gekoppelt an eine aktive *Informationspolitik* durch die Gemeinde. Zahlreiche Formen der Bürgerbeteiligung können auch dort praktiziert werden, wo sie nicht ausdrücklich in den Gemeindeverfassungen festgeschrieben sind. Ein solches Ernstnehmen der Bevölkerung zeigt sich z. B. in *Befragungen, Hearings, Bürgergutachten, Planungsforen* usw. und in den der Gemeinde zugeordneten Beiräten, wie z. B. Seniorenbeirat, Ausländerbeirat, Sanierungsbeirat usw. Die lebendige Anteilnahme am kommunalen Geschehen zeigt sich in einer Fülle von *ehrenamtlichen Funktionen*, in Gruppierungen, Vereinen, Organisationen, die alle Einfluß auf die kommunale Selbstverwaltung nehmen.

# 4. Beteiligung über Bürgerinitiativen

Unmut von Bürgern über die Art der Bearbeitung oder Ignorierung einzelner Probleme kann zu Zusammenschlüssen führen, die das Konfliktpotential erhöhen und damit mehr Beachtung erreichen. Sozial aktive Bürger sind oft nicht bereit, sich auf die Wahrnehmung Ihres Wahlrechts zu beschränken, sondern verstehen sich als Gegenmacht. Sie versuchen, durch vielfältige Aktionsformen das Bewußtsein und die Einstellung zumindest von Teilen der Bevölkerung zu beeinflussen, um so Druck auf Entscheidungsträger auszuüben. Ihre Arbeitsstile sind *kooperative Formen*, die auf eine Zusammenarbeit mit Parteien und Verwaltung ausgerichtet sind, oder *Konfliktstrategien*, die es ablehnen, Bestandteil eines offiziellen Entscheidungsprozesses zu werden.

Die Einflußchancen von Bürgerinitiativen waren bisher besonders groß, wenn sie sich zu einem relativ frühen Zeitpunkt in einen noch offenen Entscheidungsablauf einschalten konnten, wenn sie über Rückhalt in der Bevölkerung verfügten, wenn ihre Sachkenntnis zu verwaltungsinternen Kontroversen führte oder wenn zu einer der beteiligten Behörden eine Informationsbeziehung aufgebaut werden konnte.

Für eine sozial, demokratisch und ökologisch ausgerichtete Kommunalpolitik ist eine deutlich verstärkte Bürgerbeteiligung unverzichtbar, weil diese Politik nicht nur auf formale Entscheidungen setzt, sondern das Bewußtsein und das Handeln von Bürgern ansprechen will. Ein *Dilemma* besteht darin, daß Erfahrungen mit verstärkter Bürgerbeteiligung im Ausland erkennen lassen, daß hierdurch ein starkes Interesse an der Erhaltung traditioneller Strukturen einer kleinräumig-konservativen Lebensumwelt in den Vordergrund tritt.

Nicht selten zeigt sich ein krasses Interesse in der Absicherung der eigenen, relativ privilegierten Situation, die kaum Verbesserungen für sozial schwache Gruppen und Schichten zuläßt. Auch hat sich die Erwartung nicht erfüllt, daß solche Aktionen außerhalb des etablierten Institutionengefüges besonders geeignet sind, bislang inaktive und gesellschaftlich benachteiligte Gruppen für den politischen Prozeß längerfristig zu mobilisieren. Bürger-

initiativen mobilisieren in erster Linie Personen mit einer qualifizierten Schulbildung und bieten den Aktivbürgern eine Erweiterung ihrer politischen Fertigkeiten.

Durch die unkonventionellen politischen Beteiligungsaktivi-
täten wurden aber auch neue politische Themen in den Willens-
bildungs- und Entscheidungsprozeß eingebracht bzw. Institutio-
nen gezwungen, sich mit speziellen Problemen zu befassen. Die
beiden wichtigsten Themenfelder der kommunalen Protestpoli-
tik waren in den vergangenen Jahren die Verkehrs- und die Um-
weltpolitik.

## 5. Mitwirkung in Parteien

Nach verbreiteten Vorstellungen lassen sich die örtlichen Angelegenheiten unpolitisch regeln. Man sucht nach besten Lösungen
innerhalb eines als Sachzwang angenommenen Handlungsrah-
mens. Dies ist jedoch ein Mißverständnis.

Die fachlich korrekte Verwaltungsentscheidung ist lediglich
beim Vollzug eines technischen Verwaltungsaktes möglich, z. B.
dem Bau eines Sportplatzes. Sobald es aber um die Frage geht, ob,
wo und wann ein Sportplatz gebaut werden soll, ist dies eine
Frage des Ermessens: Die Entscheidung bedarf der Fachkenntnis,
aber auch eines politischen Willens. Deshalb ist die *politische
Auseinandersetzung* ein Teil der Kommunikation, mittels derer
die Bürgerschaft die Art ihres Zusammenlebens, die Möglichkeiten der *Teilhabe* an Entscheidungen und die damit verbundene
Bedeutung der *Gerechtigkeit* diskutiert. Kommunalpolitik ist
deshalb heute – wie schon oben gezeigt wurde –, ebenso wie die
Bundes- und Landespolitik, weitgehend *Gesellschaftspolitik*.

Damit erhalten Diskussion und Durchsetzung kommunalpolitischer Ziele ihre Bedeutung im Rahmen der gesamten sozialen
und politischen Entwicklung.

Meist macht es wenig Schwierigkeiten, Funktionsträger in
einer Partei zu werden. Bei Wahlen zu Parteiämtern auf der örtlichen Ebene herrscht zuweilen Kandidatenmangel. Voraussetzung für das Erklimmen der ersten Stufen zu einer politischen

Karriere bildet die richtige Mischung zwischen sozialem Einfühlungsvermögen, Engagement und Profilierungskunst.

Im Gegensatz zur Mitarbeit in Bürgerinitiativen, die sich oft mit nur einem Thema und im Zeitraum begrenzt bilden, geht die Mitgliedschaft in der Partei von einer kontinuierlichen Mitarbeit und dem Interesse an einem großen Themenspektrum aus. Zur Mitarbeit bereite jüngere Leute sind vor allem dann vor den Kopf gestoßen, wenn gestreßte Multifunktionäre in den örtlichen Parteigliederungen bereits aus Zeitmangel intensive inhaltliche Diskussionen über Probleme blockieren, weil sie diese bereits in Fraktionssitzungen, Ausschußsitzungen und fraktionsinternen Arbeitskreisen ausführlich behandelt haben. Die Öffnung von Sitzungen der Fraktion und ihrer Arbeitskreise für normale Parteimitglieder ist in der Regel nicht üblich, wäre aber eine Methode, um den engagierten Nachwuchs zu schulen.

## 6. Ausschußmitglieder ohne Ratszugehörigkeit

Einige Gemeindeordnungen kennen die Mitwirkung einzelner Personen als sogenannter *„sachkundiger Bürger"* in den Ausschüssen der Gemeindevertretungen. Diese haben nicht nur ein Beratungs-, sondern auch ein Entscheidungsrecht und können auch in beschließenden Ausschüssen mitwirken, allerdings nicht im Haupt-, Finanz- und Rechnungsprüfungsausschuß. Dabei muß stets darauf geachtet werden, daß die Zahl der sachkundigen Bürger nicht die Zahl der anwesenden Ratsmitglieder übersteigt. Die sachkundigen Bürger werden von den Fraktionen benannt und auf die Anzahl der ihnen zustehenden Ausschußsitze angerechnet. Bei der Vielzahl von Fachausschüssen bietet sich so die Möglichkeit, die anfallende Ausschußarbeit auf mehr Personen zu verteilen und damit die Ratsmitglieder auch im Zeitaufwand zu entlasten.

Gleichzeitig sehen die Parteien in den sachkundigen Bürgern einerseits Rekrutierungsmöglichkeiten für zukünftige Ratsmitglieder, andererseits aber auch die Möglichkeit, Experten in die

Fraktionsarbeit einzubinden, die von ihrer beruflichen und damit zeitlichen Bindung her nicht Ratsmitglieder werden können.

Mitwirkungsmöglichkeiten für *ausländische Mitbürger* bestehen in Baden-Württemberg und Nordrhein-Westfalen durch die Zuwahl in Ausschüsse sowie – in Hessen und Niedersachsen – durch die Wahl in Kommissionen.

## 7. Bezirksvertretungen/Ortsräte

Um in größeren Kommunen die Anonymität und Undurchsichtigkeit des Verwaltungshandelns für die Bürger zu reduzieren, besteht nach einigen Kommunalverfassungen die Möglichkeit dezentralisierter Vertretungen und Verwaltungen. Die Bezirksbeiräte/-vertretungen werden in der Regel durch Listenwahl nach dem Stimmenanteil der jeweiligen Partei im Stadt-/Ortsteil gewählt.

Die Entscheidungen dieser Teilvertretungen haben meist nur empfehlenden Charakter, können jedoch den Entscheidungsprozeß durchaus beeinflussen. Sie werden von der Verwaltung als quasi Veto-Institution angesehen mit dem ständigen Risiko, daß die Mehrheit der zentralen Gemeindevertretung sich deren Argumente zu eigen machen könnte. Von der Verwaltung werden sie auch als verlängerter Arm der örtlichen Parteigliederungen oder als Ortslobbyisten akzeptiert. Allerdings werden stadtteilbezogene Interessen in den einzelnen Städten sehr unterschiedlich und mit wechselndem Erfolg durchgesetzt. Grundsätzlich hängt die Chance zur Mitwirkung bei ortsteilspezifischen Problemen von der Bereitschaft der zentralen Gemeindevertretung ab, Kompetenzen an die dezentrale Ebene abzutreten.

## 8. Mitwirkung als Ratsmitglied, Stadtverordneter oder Gemeindevertreter

Aktivisten in der Partei streben ein Mandat in der Gemeindevertretung an, weil sie so an den verbindlichen Entscheidungen innerhalb des kommunalen Entscheidungsprozesses teilhaben können. Für diejenigen, die nicht über private Konfliktpotentiale (Investitionsmittel, Presse usw.) verfügen, ist die Mitwirkung im Rat die wirkungsvollste Beteiligung. Dort, wo der Partei ausreichend Kandidaten zur Verfügung stehen, werden nur diejenigen berücksichtigt, die bereits als Parteimitglieder gewisse Aktivitäten in der Parteiorganisation entfaltet haben oder bereits im vorpolitischen Raum (in Vereinen und Verbänden) sowie den Ortsteilvertretungen mitgewirkt haben.

Üblicherweise wird die Mitgliedschaft im Gemeindeparlament erst angestrebt, nachdem die Bewerber sich im Beruf etabliert haben. Die große Gruppe der Beamten und Angestellten des öffentlichen Dienstes in den Stadt- und Gemeinderäten zeigt, daß die Kommunalparlamente keineswegs einen Querschnitt der Bevölkerung repräsentieren. Viele engagierte und befähigte Personen fühlen sich aufgrund ihrer beruflichen Situation von der Mitwirkung als Ratsmitglieder ausgeschlossen, obwohl ihr *Arbeitsplatz gesetzlich gesichert* wäre (Mandatssicherungsgesetz).

# Kapitel III
# Die kommunale Selbstverwaltung

## 1. Das Fundament: Die Verfassungsgarantie

Die maßgebenden Vorschriften über die Aufgaben, die innere Organisation und die Einbindung der Gemeinden in das staatliche Gefüge der Bundesrepublik Deutschland ergeben sich aus den Ländergesetzen, insbesondere aus der jeweiligen Gemeindeordnung. Die Grundlage der kommunalen Selbstverwaltung findet sich jedoch im *Grundgesetz in Artikel 28* im Abschnitt über den Bund und die Länder:

a) Die verfassungsmäßige Ordnung in den Ländern muß den Grundsätzen des republikanischen, demokratischen und sozialen Rechtsstaates im Sinne dieses Grundgesetzes entsprechen. In den Ländern, Kreisen und Gemeinden muß das Volk eine Vertretung haben, die aus allgemeinen, unmittelbaren, freien und geheimen Wahlen hervorgegangen ist. In Gemeinden kann an die Stelle einer gewählten Körperschaft die Gemeindeversammlung treten.

b) Den Gemeinden muß das Recht gewährleistet sein, alle Angelegenheiten der örtlichen Gemeinschaft im Rahmen der Gesetze in eigener Verantwortung zu regeln. Auch die Gemeindeverbände haben im Rahmen ihres gesetzlichen Aufgabenbereichs nach Maßgabe der Gesetze das Recht der Selbstverwaltung.

c) Der Bund gewährleistet, daß die verfassungsmäßige Ordnung der Länder den Grundrechten und den Bestimmungen der Absätze 1 und 2 entspricht.

*Abbildung 2:* Systematik des Selbstverwaltungsrechts

| | |
|---|---|
| *Die Personalhoheit:* | Sie räumt den Gemeinden das Recht ein, das Personal auszuwählen, anzustellen, zu befördern und zu entlassen. |
| *Die Organisationshoheit:* | Sie umfaßt das Recht zur eigenen Gestaltung der Verwaltungsorganisation. |
| *Die Planungshoheit:* | Sie räumt den Gemeinden das Recht ein, Bauleitpläne (Flächennutzungs- und Bebauungspläne) in eigener Verantwortung aufzustellen, um das Gemeindegebiet zu ordnen und zu gestalten. |
| *Die Rechtsetzungshoheit:* | Sie enthält das Recht, kommunale Satzungen zu erlassen. |
| *Die Finanzhoheit:* | Sie gibt den Gemeinden das Recht zu eigenverantwortlicher Einnahmen- und Ausgabenwirtschaft. |
| *Die Steuerhoheit:* | Sie räumt den Gemeinden das Recht zur Erhebung von Steuern ein (soweit dieses Recht nicht durch übergeordnete Gesetze zum Finanzausgleich wieder rückgängig gemacht wurde). |

# Die Existenzgarantie des Art. 28 GG

Das Grundgesetz gewährleistet die *Existenz der Gemeinden* dahingehend, daß es immer Gemeinden geben muß. Eine Garantie für den Bestand einer einzelnen Gemeinde enthält die Verfassungsbestimmung nicht. Gebietsänderungen sind jedoch gegen den Willen der Beteiligten nur durch Gesetz, aus Gründen des öffentlichen Wohls und nach vorheriger Anhörung möglich. Ebenfalls garantiert ist die *eigenverantwortliche Erledigung* bzw. Wahrnehmung der als kommunal eingestuften *Aufgaben* bzw. Rechte (Hoheitsrechte). Die *Hoheitsrechte* sollen die Gemeinde vor zu starken Eingriffen des Landes bzw. des Bundes in die Eigenverantwortlichkeit der Gemeinde schützen.

## Die finanzverfassungsrechtliche Garantie

Durch die Artikel 106 und 107 gibt das Grundgesetz den Gemeinden eine finanzverfassungsrechtliche Garantie zur Beteiligung am Steueraufkommen des Bundes und der Länder. Sie enthält auch die sogenannte Realsteuergarantie, d. h., daß die Gewerbesteuer sowie die Grundsteuern den Gemeinden zustehen.

## Die Rechtstellungsgarantie

In Artikel 93 Abs. 1 Nr. 4b räumt das Grundgesetz den Gemeinden das Recht ein, sich gegen gesetzliche Eingriffe des Bundes und der Länder beim Verfassungsgericht zu wehren. Diese Beschwerdemöglichkeit ist jedoch nur ein Schutz gegen die Verletzung von Grundprinzipien der kommunalen Selbstverwaltung, ein konkreter Besitzstand an bestimmten Aufgaben oder die etwaige Existenz einer bestimmten Einzelgemeinde wird hierdurch nicht garantiert. Beschweren sich Gemeinden über ein Landesgesetz beim Bundesverfassungsgericht, so entscheidet dies nur, „soweit nicht Beschwerde beim Landesverfassungsgericht erhoben werden kann".

## 2. Der Grundsatz der Allzuständigkeit

Wenn auch den Gemeinden das Recht zusteht, *„alle Angelegenheiten* der örtlichen Gemeinschaft in eigener Verantwortung zu regeln", so ist diese eigenverantwortliche Aufgabenerfüllung durch das Grundgesetz bereits selbst begrenzt, indem die Verfassung den Gemeinden das Recht auf Selbstverwaltung nur *„im Rahmen der Gesetze"* einräumt. Dieser Gesetzesvorbehalt bezieht sich sowohl auf den Umfang als auch auf die Art und Weise der Aufgabenerledigung. Dies bedeutet, daß durch ein Gesetz eine Aufgabenverlagerung vorgenommen sowie Aufsichtsrechte und Genehmigungsvorbehalte vorgesehen werden können. Der Grundsatz der Allzuständigkeit besagt vor allem dreierlei:

– Die Gemeinden sind auf keine speziellen Aufgaben begrenzt, sondern können grundsätzlich auf *jedem* lokalen Gebiet tätig werden.
– Die Gemeinden können nicht nur Aufgaben wahrnehmen, die ihnen ausdrücklich zugewiesen werden, sondern können von sich aus *neue* Aufgaben aufgreifen.
– Im übrigen allerdings sind die Gemeinden nur subsidiär zuständig, d. h. nur insoweit, als nicht schon andere Verwaltungsträger oder private Dritte die Aufgaben übernommen haben. Dies bedeutet, daß die gemeindlichen Aufgaben nicht für alle Zeiten festgelegt sind, sondern sich mit den gesellschaftlichen Entwicklungen verändern können.

## 3. Funktionen der Gemeinden

Die Aufgaben und Funktionen der Kommunen für ihre Bürger sind vielfältig. Rund 80 Prozent aller Angelegenheiten, die Bürger in Kontakt zu Behörden bringen, werden von den Gemeinden erledigt. Die zahlreichen Einzelleistungen der Verwaltung können verschiedenen Funktionen der Gemeinde zugeordnet werden. Hierzu einige Beispiele:

*Grundversorgung durch Infrastruktur*
Wohnungen, Straßen, Gewerbeflächen, Wasser, Abwasser- und Abfallbeseitigung, Strom, Gas.

*Dienstleistungen*
Öffentlicher Personennahverkehr, Kultur, Bäder, Sport, Freizeit.

*Sozialer Ausgleich*
Soziale Schutzfunktionen, Förderung der Frauengleichstellung, Integration von Minderheiten, Ermöglichen der Teilnahme am öffentlichen Leben, Förderung des sozialen Friedens.

*Gestaltungsfunktion und Zukunftsplanung*
Stadtentwicklungsplanung, Stadtidentität und Urbanität, Stadt-ökologie, Wohnumfeldqualität, Förderung von Kultur und Kommunikation.

*Ordnungsfunktion*
Feuerwehr, Polizei, Meldewesen, Schutz der Umwelt, Standes-amt.

*Systemstabilisierung*
Sozialer Puffer zwischen Bürgern und Staat, Förderung des gesellschaftlichen Engagements von Bürgern (Schule der Demo-kratie), Ordnungsfunktionen.


## 4. Rangfolge der aktuellen Probleme in den Städten

Ob die Städte diesen Funktionen gerecht werden bzw. welche aktuellen Probleme der Stadtentwicklung und der Kommunalpolitik besonderer Aufmerksamkeit bedürfen, erfragt das Deutsche Institut für Urbanistik jährlich bei einer Anzahl ausgewählter Groß- und Mittelstädte. Die Rangfolge der dringenden Probleme ergab für das Jahr 1996 folgende Liste:

*Abbildung 3:* Probleme der Stadtentwicklung 1996 im Ost-West-Vergleich

| Rangplatz WEST | | Rangplatz OST |
|---|---|---|
| 1 | Haushaltskonsolidierung/ Verwaltungsmodernisierung | 1 |
| 2 | Kommunale Wirtschaftsförderung/ Arbeitsmarkt/ wirtschaftlicher Strukturwandel | 3 |
| 3 | Verkehrswesen | 2 |
| 4 | Konversion | 21 |
| 5 | Innenstadtentwicklung | 4 |
| 6 | Einzelhandelsentwicklung | 18 |
| 7 | Stadt-Umland-Kooperation/ Regionale Kooperation | 16 |
| 8 | Städtebaurechtliche Planwerke | 7 |
| 9 | Wohnungswesen | 9 |
| 10 | Stadtentwicklungskonzepte/ Stadtmarketing | 8 |
| 11 | Management von Großprojekten: Messen, Ausstellungen | 26 |
| 12 | Flächenmobilisierung für Wohnen, Gewerbe, Büro | 17 |
| 13 | Sozialpolitik/ Neue Armut | 27 |
| 25 | Stadterneuerung/-sanierung/Städtebau Stadtbild/Plattenbauten/Großsiedlungen | 5 |
| 17 | Technische Infrastruktur: Energiever-/-entsorgung | 6 |
| 22 | Kommunalpolitik/ Akzeptanz von Gebühren und Beiträgen | 10 |

Quelle: DIFU Städteumfrage 1996

## 5. Rechtliche Aufgabenstruktur

Eine völlig andere Struktur erhalten die kommunalen Aufgaben, wenn man sie hinsichtlich ihrer rechtlichen Qualität beurteilt. Die Einteilung der kommunalen Aufgaben in solche des eigenen und des übertragenen Wirkungskreises stammt allerdings noch aus der vordemokratischen Zeit des 19. Jahrhunderts. Zum *eigenen Wirkungskreis* werden die sogenannten freiwilligen und die Selbstverwaltungspflichtaufgaben gezählt. Die Dezentralisierung der Verwaltungsaufgaben bedeutet für die sogenannten *freiwilligen Selbstverwaltungsaufgaben*, daß die Gemeinden eigenverantwortlich sowohl über das „Ob" als auch über das „Wie" der Erledigung entscheiden. Die Freiheit, selbst darüber entscheiden zu können, ob diese Aufgaben überhaupt wahrgenommen werden, beinhaltet gleichzeitig den Pferdefuß, daß bei knappen kommunalen Finanzen die Aufsichtsbehörden in diesem Bereich besondere Einsparungen erwarten.

Bei den *Selbstverwaltungspflichtaufgaben* ist dagegen das Erfüllen der Aufgaben vorgeschrieben. Die Ausführungsmodalitäten sollten der kommunalen Entscheidungskompetenz vorbehalten bleiben, jedoch werden inzwischen auch viele inhaltliche Fragen durch die betreffenden Gesetze geregelt. Das Anwachsen der Pflichtaufgaben ist ein Ergebnis des grundgesetzlichen Sozialstaatsgebots, das mit der Forderung nach Gleichwertigkeit der Lebensverhältnisse gekoppelt ist.

Bei den *Aufgaben des übertragenen Wirkungskreises* handelt die Gemeindeverwaltung weisungsgebunden als Staatsverwaltung. Sie vollzieht somit höhere Anordnungen in eigenem Namen.

*Auftragsangelegenheiten* sind staatliche Verwaltungsaufgaben, die die Gemeinden im Auftrag des Staats zu erledigen haben. Die Gemeinden werden also als unterste staatliche Gliederung tätig. Dabei unterliegen die Kommunen uneingeschränkt dem staatlichen Aufsichts- und Weisungsrecht.

*Abbildung 4:* Rechtliche Struktur der Selbstverwaltungsaufgaben

| Freiwillige Aufgaben | Pflichtaufgaben | Staatliche Auftragsange-legenheiten |
|---|---|---|

Rechtsaufsicht

z. B.
Freizeit
Seniorentreffs
Sportstätten
Theater
Orchester
Museen usw.

Rechts- und Fachaufsicht

z. B.
Zivilschutz
Durchführung von Bundes-tagswahlen, Volkszählung,
Wehrerfassung usw.

Selbstverwaltungs-pflichtaufgaben =

Pflichtaufgaben zur Erfül-lung nach Weisung =

Rechtsaufsicht

z. B.
Bauleitplanung
Sozialhilfe
Jugendamt
Schulträgerschaft
Abfallbeseitigung
Energieversorgung
Umweltschutz
Finanzwesen

Rechts- und Fachaufsicht

z. B.
Feuerwehr
Rettungsdienst
Katastrophenschutz
Ordnungsamt
Wohngeld
Bauordnungswesen usw.

eigener
Wirkungskreis

übertragener
Wirkungskreis

# 6. Die Zusammenarbeit von Rat und Verwaltung

Das Verfassungsrecht spricht nur von „Verwaltung", von kommunaler Selbstverwaltung. Dennoch verstehen sich die Kommunalpolitiker als „Politiker", da die Volkswahl, das freie Mandat und Formen des Parlamentarismus dies nahelegen.

Tatsächlich beschränken sich die Kommunalpolitiker nicht nur auf die Rechtsetzungsfunktion wie ein Parlament, sondern sind in der Praxis sehr stark mit einer Vielzahl von Beschlüssen befaßt, die den konkreten Aufgabenvollzug betreffen. Damit nehmen sie Verwaltungsaufgaben wahr. Sie sollen jedoch nicht in die Verwaltung hineinregieren. Ein Gemeindevertreter, der davon ausginge, er müsse die hauptamtlichen Ingenieure in der Verwaltung an Fachwissen übertreffen, würde seine Aufgabe verfehlen. Eine Verwaltung ohne politische Sensibilität, z. B. in aktuellen Fragen des Umweltschutzes, würde ebenfalls ihre Aufgaben schlecht erfüllen.

Deshalb kommt es entscheidend darauf an, eine sinnvolle Zusammenarbeit mit Blick auf die Aufgabenerfüllung zu erreichen, ohne daß ein Gemeindeorgan durch das andere behindert wird.

*Abbildung 5:* Zusammenarbeit von Rat und Verwaltung

| Gemeindevertretung | Gemeindeverwaltung |
|---|---|
| Beschlüsse Richtlinien Satzungen → | |
| Vorbereitung von Beschlüssen ← | |
| a) Aufgaben auswählen<br>b) Prioritäten durch Beschlüsse<br>c) Kontrolle der Verwaltung | a) Aufgabenvorbereitung sowie<br>b) Aufgabenvollzug durch Verwaltungsakte<br>c) rechtliche Vertretung der Stadt |

Neuere Überlegungen zur Macht- und Aufgabenteilung, die zur Zeit unter den Stichwörtern „Modernisierung der Verwaltung", „Konzern Stadt", „Tilburger Modell" oder „dezentrale Ressourcenverantwortung" diskutiert werden, finden sich in Kapitel VI, 5.

# Kapitel IV
# Die Kommunalverfassungen (Gemeindeordnungen)

## 1. Das Land setzt den Rahmen

Die Regelung kommunaler Strukturen, Aufgaben und Befugnisse ist grundsätzlich Sache der Bundesländer. Sie sind bei ihrer Gesetzgebungsarbeit an Artikel 28 des Grundgesetzes gebunden, und deshalb finden sich in den einzelnen Landesverfassungen inhaltlich weitgehend übereinstimmende Bestimmungen zur Ausgestaltung der kommunalen Selbstverwaltung. Die Kommunalverfassung des jeweiligen Bundeslandes wird in einem Gesetz als *„Gemeindeordnung"* beschlossen.

Sie enthält alle wichtigen Regelungen über Zuständigkeiten, Verfahrensregelungen sowie Rechte und Aufgaben der Gemeinden, die Beschlußorgane der Gemeinde, die Rechte und Pflichten der Wohnbevölkerung, die Finanz- und Wirtschaftsführung der Gemeinde sowie die Kommunalaufsicht. Die Länder bestimmen somit den Rahmen für die Organisationsstrukturen sowie den Umfang und die Art der Aufgabenwahrnehmung.

Die Kenntnis des Textes der Gemeindeordnung des Landes ist für jeden Mandatsträger wichtig, sie reicht jedoch im Streitfall nicht aus. Wird eine Interpretation einzelner Paragraphen der Gemeindeordnung notwendig, so sollte man zu einem *Kommentar* der Gemeindeordnung greifen. In diese Kommentare sind die Verwaltungsvorschriften zur Auslegung der Gemeindeordnung eingeflossen sowie die Entscheidungen der Verfassungs- und Verwaltungsgerichtsbarkeit. Insbesondere ihre Kenntnis vermeidet eigene Rechtsstreitigkeiten vor den Verwaltungsgerichten. In Streitfällen sind die Zusammenschlüsse der Kommunalpolitiker auf Landesebene behilflich.

## 2. Unterschiedliche Gemeindeordnungen

Durch historische Vorbilder, unter Einfluß der Siegermächte nach dem 2. Weltkrieg, durch landesgesetzliche Regelungshoheit und auf dem Weg der Umgestaltung der zentralistisch organisierten DDR haben sich in der Bundesrepublik Deutschland unterschiedliche Strukturtypen der Kommunalverfassungen herausgebildet. Dabei wird unterschieden, ob die Kommunalverwaltung und die Gemeindevertretung von *einer Person* gemeinsam geleitet werden (Monismus) oder ob die Verfassung durch ein Nebeneinander (Dualismus) von ehrenamtlichem Ratsvorsitzenden und hauptamtlichem Verwaltungschef geprägt ist. Weiterhin kommt es auf die *Verteilung der Entscheidungsbefugnisse* an. In mehreren Bundesländern sind die Reformüberlegungen zur Gemeindeordnung noch nicht abgeschlossen bzw. umgesetzt. Deutlich ist aber die Tendenz zu erkennen, daß sich die Direktwahl des Verwaltungschefs durch die Bürger durchsetzt. Damit verbunden ist auch die in Nordrhein-Westfalen und Niedersachsen beschlossene Abschaffung der Doppelspitze (Bürgermeister und Stadtdirektor). Klar erkennbar ist ferner der Trend, den Bürgern durch den Bürgerantrag und den Bürgerentscheid mehr direkten Einfluß auf die Gemeindebelange zu geben.

1. *Süddeutsche Ratsverfassung* (Baden-Württemberg, Bayern, Sachsen)
   Diese ist durch folgende Merkmale gekennzeichnet:
   – Die Bürger wählen den Gemeinderat.
   – Die Bürger wählen ebenfalls in unmittelbarer Wahl den (Ober-)Bürgermeister.
   – Der Bürgermeister ist Vorsitzender des Gemeinderats und Leiter der Verwaltung.
   – Der Gemeinderat wählt ggfs. Beigeordnete, die dem Weisungsrecht des Bürgermeisters unterliegen.

2. *Bürgermeisterverfassung* (Rheinland-Pfalz, Saarland und in Gemeinden Schleswig-Holsteins bis 10 000 Einwohnern)

## *Abbildung 6:* Grundtypen der Kommunalverfassung
### (vereinfachte Darstellung)

**1 DIE SÜDDEUTSCHE RATSVERFASSUNG**
(Baden-Württemberg, Bayern, Sachsen): Gemeinderat und Bürgermeister werden in diesem Modell von den Bürgern direkt gewählt. Dem Bürgermeister kommt dabei eine starke Schlüsselposition zu: Er führt den Vorsitz im Gemeinderat und leitet gleichzeitig die Verwaltung. Er besitzt eigene (Organ-)Rechte.

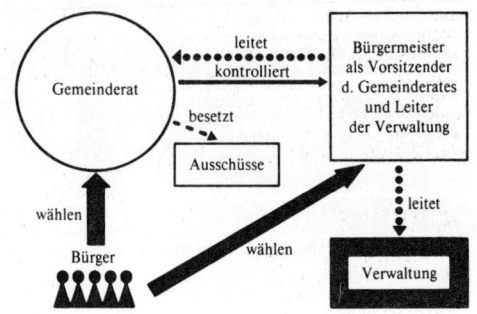

**2 BÜRGERMEISTER-VERFASSUNG**
(Rheinland-Pfalz, Saarland): Der Bürgermeister wird in Rheinland-Pfalz in Direktwahl gewählt. Im Saarland werden der Bürgermeister und die Beigeordneten noch vom Stadtrat gewählt. Der Bürgermeister hat eine starke Position, denn er leitet mit Unterstützung der Beigeordneten die Verwaltung. Gleichzeitig ist er auch Vorsitzender des Rates.

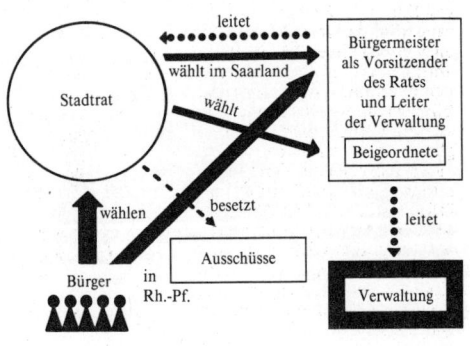

**3 DIE NORDDEUTSCHE RATSVERFASSUNG**
(Niedersachsen, Nordrhein-Westfalen). Bisher wählte der Gemeinderat sowohl den ehrenamtlichen Bürgermeister als auch den Stadtdirektor. Mit den Novellierungen der Gemeindeordnungen wurde diese „Doppelspitze" abgeschafft. Bei Neuwahlen wird der Bürgermeister „neuen Typs" in Direktwahl von der Bevölkerung gewählt. Er ist gleichzeitig Vorsitzender des Gemeinderats und Chef der Verwaltung. Bis zur nächsten Kommunalwahl gelten Übergangsregelungen.

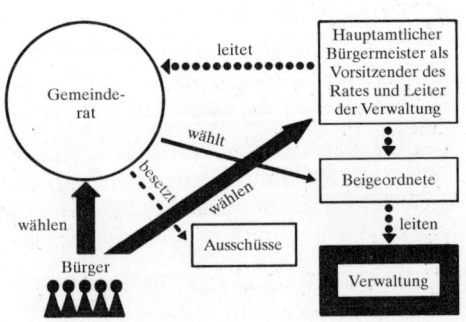

## 4 MAGISTRATS-VERFASSUNG

(Hessen, Schleswig-Holstein): In Hessen wählen die Bürger den Bürgermeister als „Ersten unter Gleichen" in direkter Wahl. Die Stadtverordnetenversammlung als Vertretung der Bürgerschaft wählt einen Magistrat, der kollegial die kommunale Verwaltung leitet. Volksvertretung und Verwaltung sind damit deutlich getrennt.

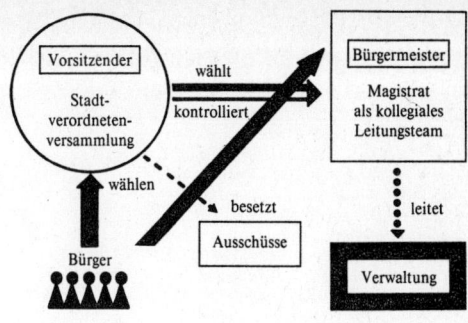

## 5 KOMMUNAL-VERFASSUNG
### Mecklenburg-Vorpommern

Die Gemeindevertretung/ Stadtvertretung wählt den Bürgermeister als Chef der Verwaltung sowie die Beigeordneten. Ab 1999 wird der Bürgermeister in Direktwahl von den Bürgern gewählt. Die Gemeindevertretung wählt aus ihrer Mitte einen eigenen Vorsitzenden; in ehrenamtlich verwalteten Gemeinden übernimmt den Vorsitz der Bürgermeister. Der Bürgermeister als Verwaltungschef ist zugleich Vorsitzender des Hauptausschusses. Kleine Gemeinden bilden zur Durchführung ihrer öffentlichen Aufgaben „Ämter". Der Amtsausschuß besteht aus den Bürgermeistern und weiteren Mitgliedern. Er wählt einen ehrenamtlichen Amtsvorsteher und einen leitenden Verwaltungsbeamten bzw. Angestellten.

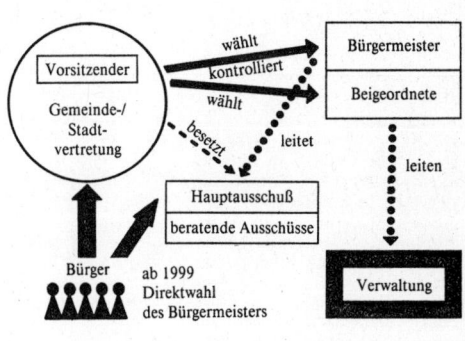

## 6 KOMMUNAL-VERFASSUNG
### Brandenburg

Die Bürgerschaft wählt in direkter Wahl den Bürgermeister als Verwaltungschef. Er ist auch Mitglied der Gemeindevertretung. Die Gemeindevertretung bzw. Stadtverordnetenversammlung wählt aus ihrer Mitte einen Vorsitzenden und wählt die Beigeordneten. In amtsangehörigen Gemeinden übernimmt der ehrenamtliche Bürgermeister den Vorsitz der Gemeindevertretung.

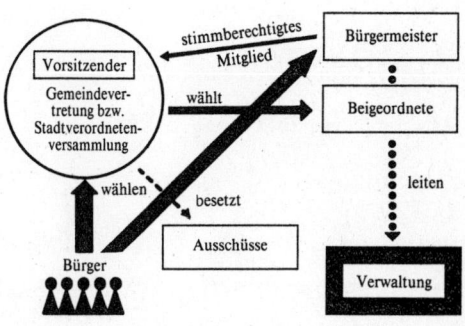

## 7 KOMMUNALVERFASSUNG
### Sachsen-Anhalt

Die Bürgerschaft wählt in direkter Wahl den Bürgermeister als Chef der Verwaltung auf Zeit. Der Gemeinderat bzw. der Stadtrat wählt aus seiner Mitte einen Vorsitzenden. Der Vorsitzende der Ausschüsse ist in der Regel der Bürgermeister, sofern die Hauptsatzung nichts anderes bestimmt. In Mitgliedsgemeinden von Verwaltungsgemeinschaften (mit Ausnahme der Trägergemeinden) übernimmt der ehrenamtliche Bürgermeister auch den Vorsitz im Gemeinderat und in den Ausschüssen.

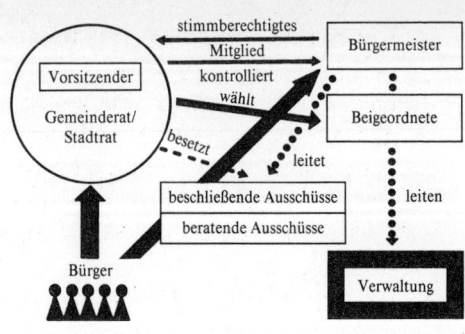

## 8 KOMMUNALVERFASSUNG
### Thüringen

Die Bürger wählen den Bürgermeister als Verwaltungschef in direkter Wahl. Der Bürgermeister leitet in der Regel den Gemeinde-/Stadtrat. Es sei denn, die Gemeindevertretung wählt sich zu Beginn der Wahlperiode einen Vorsitzenden. Die Gemeindevertretung wählt die Beigeordneten. In Gemeinden unter 3 000 Einwohnern arbeitet der Bürgermeister ehrenamtlich.

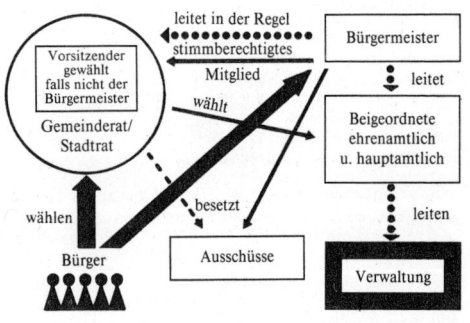

Siehe Süddeutsche Ratsverfassung

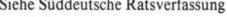

## 9 KOMMUNALVERFASSUNG
### Sachsen

Die Bürger wählen in direkter Wahl den Bürgermeister. Er ist gleichzeitig Verwaltungschef und Vorsitzender des Gemeinde- bzw. Stadtrates. Damit hat sich Sachsen der „süddeutschen Ratsverfassung" angeschlossen. In Gemeinden unter 3 000 Einwohnern arbeitet der Bürgermeister in der Regel ehrenamtlich.

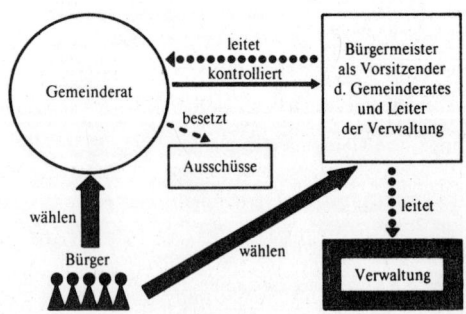

- Die Bürger wählen den Gemeinderat/Stadtrat als oberstes Organ.
- Dieser wählt im Saarland den Bürgermeister und ggf. Beigeordnete. In Rheinland-Pfalz wird neuerdings der Bürgermeister in Direktwahl gewählt.
- Der Bürgermeister ist Vorsitzender des Gemeindeparlaments (in der Regel mit Stimmrecht) und Leiter der Verwaltung.
- Als Besonderheit gelten Stadtvorstände aus Bürgermeister und Beigeordneten, die in Satzungs-, Entwicklungs- und Personalfragen Beschlüsse des Stadtrates vorbereiten.

3. *Norddeutsche Ratsverfassung* (Niedersachsen, Nordrhein-Westfalen)
   - Nordrhein-Westfalen und Niedersachsen haben ihre Gemeindeordnungen erneuert (novelliert) und die sogenannte „Doppelspitze" mit Übergangsfristen abgeschafft. Damit paßte man sich an die süddeutschen Länder an.
   - Die bisher getrennten Funktionen von ehrenamtlichem Bürgermeister als Ratsvorsitzendem und Stadtdirektor als Verwaltungschef werden gebündelt in der Person des hauptamtlichen Bürgermeisters.
   - Die Position des neuen Bürgermeisters wird noch dadurch unterstrichen, daß er zukünftig direkt von der Bürgerschaft gewählt wird.
   - Der „Rat" behält jedoch eine starke Stellung bei den Entscheidungsbefugnissen (Ratsverfassung).

4. *Magistratsverfassung* (in Hessen, in größeren Städten Schleswig-Holsteins und in Bremerhaven; in größeren Städten in Rheinland-Pfalz hat der Stadtvorstand magistratsähnliche Befugnisse):
   - Die Bürger wählen unmittelbar die Stadtverordnetenversammlung und in Hessen den Bürgermeister.
   - Die Stadtverordnetenversammlung wählt als Leitung der Verwaltung ein Kollegialorgan (Magistrat), das aus dem Bürgermeister und weiteren Beigeordneten/Dezernenten

41

(hauptamtlich und nebenamtlich) besteht. Der Magistrat entscheidet mit Mehrheit.

– Die Wahl der ehrenamtlichen Beigeordneten erfolgt nach den Grundsätzen der Verhältniswahl (Listenwahl), während die hauptamtlichen Beigeordneten nach den Grundsätzen der Mehrheitswahl (Einzelwahl) gewählt werden.

– Der Bürgermeister ist Vorsitzender des Magistrats und gibt bei einer Patt-Situation den Ausschlag.

## 3. Kommunalverfassungen der neuen Bundesländer

In den neuen Bundesländern haben neue Gemeinde- und Kreisordnungen das „Gesetz über die Selbstverwaltung der Gemeinden und Landkreise in der DDR vom 17. Mai 1990" abgelöst. Während dieses Gesetz bereits eine Abkehr von der alleinigen Orientierung an der zentralen Planung und Lenkung bildete, haben die neuen Kommunalverfassungen der unmittelbaren Bürgerbeteiligung durch Einwohnerantrag, Bürgerbegehren und Bürgerentscheid noch stärker Rechnung getragen. Wenn man idealerweise davon ausgeht, daß die Staatsgewalt nicht „von oben" kommt, sondern sich „von unten" in Wahlen und Abstimmungen entwickelt, dann gelingt dies nur, wenn sich möglichst viele Bürger für eine politisch-sozial funktionierende Gemeinde engagieren. Die neuen Bundesländer haben der besonderen psychosozialen Befindlichkeit ihrer Bürger dadurch Rechnung getragen, daß sie die kleinen örtlichen Gemeinschaften erhalten. Um dennoch leistungsfähige Verwaltungseinheiten zu schaffen, entschlossen sich Mecklenburg-Vorpommern und Brandenburg zur Einführung der „Ämterverfassung". Während in Brandenburg der Amtsausschuß einen hauptamtlichen Amtsdirektor als Wahlbeamten auf Zeit beruft, gibt es in Mecklenburg-Vorpommern ein Nebeneinander von ehrenamtlichem Amtsvorsteher und leitendem Verwaltungsbeamten (hauptberuflich).

Um kleine Gemeinden zu „Verwaltungsgemeinschaften" zusammenzuziehen, bilden in Sachsen-Anhalt die Bürgermeister und weitere Vertreter ihrer Gemeinden den Gemeinschaftsausschuß, der u. a. einen ehrenamtlichen Vorsitzenden und einen hauptamtlichen Leiter des gemeinsamen Verwaltungsamtes wählt. In Thüringen bilden die Bürgermeister und weitere Vertreter die Gemeinschaftsversammlung. In Sachsen dagegen schließen sich die kleinen Gemeinden entweder in „Verwaltungsverbänden" oder in „Verwaltungsgemeinschaften" mit mindestens 5000 Einwohnern zusammen. In den Verwaltungsgemeinschaften übernimmt eine Gemeinde die Verwaltungsaufgaben für die anderen mit.

Als Antwort auf die Eingemeindungen im Rahmen der Gebietsreform oder bei deutlich gegliederten Gemeindestrukturen bieten die neuen Gemeindeordnungen das Instrument der Ortschaftsverfassung bzw. der Stadtbezirke. Es muß sich erst noch erweisen, inwieweit die zentralen Gemeindevertretungen derartige Nebengliederungen dulden bzw. deren Kompetenzen fördern.

Alle Kommunalverfassungen der neuen Bundesländer stärken die Position des Bürgermeisters als Verwaltungschef, und zwar durch die direkte Bürgerwahl, durch eigene Zuständigkeiten und durch sein teilweises Stimmrecht in der Vertretung sowie in den Ausschüssen.

Damit setzen die süddeutschen Regelungen ihren Siegeszug weiter nach Norden fort. Die Begründung für die Stärkung des Verwaltungschefs als politischer Leitfigur ist sicher auch in den enormen Problemen der Gemeinden zu suchen, die schnelle, energische Entscheidungen fordern.

# Kapitel V
# Rahmenbedingungen für die lokalen Entscheidungsprozesse

## 1. Die Politikverflechtung

Die Bundesrepublik Deutschland ist ein föderativer Staat. Die öffentliche Aufgabenerfüllung und Verwaltung vollzieht sich auf zwei staatlichen Ebenen: auf der Ebene des Bundes und der Ebene der 16 Bundesländer. Als nichtstaatlich gilt die kommunale Ebene der Selbstverwaltung. Eine Sonderstellung nehmen die Stadtstaaten Berlin, Bremen und Hamburg ein, die sowohl staatliche als auch kommunale Funktionen wahrnehmen. Zwar sind die Gemeinden verfassungsrechtlich innere Teilgliederungen der Länder (mittelbare Landesverwaltung), faktisch genießen sie jedoch durch die verfassungsrechtlich abgesicherte Selbstverwaltungsgarantie eine Sonderstellung. Die administrative Bedeutung der Gemeinden wird dadurch unterstrichen, daß die überwiegende Zahl aller Verwaltungsvorgänge bei den Kommunen bearbeitet wird.

Die *kommunale Selbstverwaltung* ergänzt neben dem *Föderalismus* und dem Prinzip der *Gewaltenteilung* das demokratische Gemeinwesen. Die dezentrale Verwaltungsstruktur wirkt damit der Tendenz auch moderner Staaten entgegen, die gesamte Verwaltung zentral zu organisieren. Die aus dem Feudalismus stammende Zuordnung der Kommunen zum gesellschaftlichen, d. h. nichtstaatlichen Bereich findet zwar immer noch ihren Ausdruck in der verfassungsrechtlichen Stellung der Kommunalpolitik als Selbst„verwaltung" der Bürgerschaft. Das umfassende Demokratieprinzip moderner Staaten läßt jedoch eine derartige Trennung nicht zu, sondern erfordert eine *Verflechtung* aller politischen Bereiche.

Da kommunale Vertretungen ebenso wie Landtage und Bundestag durch demokratische Wahlen legitimiert sind, kommt es

*Abbildung 7:* Politikverflechtung

| Politische Ebenen | Räumliche Planung | Finanzplanung | Fachplanungen |
|---|---|---|---|
| BUND | Bundesraumord-nungsprogramm (BROP) | Bundeshaushalt (Steuerverteilung) | z. B. Bundessozial-gesetzgebung |
| LAND | Landesentwick-lungspläne (LEP) | Landeshaushalt (Finanzausgleich) | z. B. Krankenhaus-bedarfsplan, Kindergarten-bedarfsplan |
| REGIERUNGS-PRÄSIDENT | Gebietsentwick-lungsplan (GEP) | | |
| KREIS | Kreisentwick-lungsplan (KEP) | Kreishaushalt (um-lagefinanziert) | |
| STADT/ GEMEINDE | Stadtentwick-lungsplan Flächennutzungs-plan (FNP) Bebauungspläne (BP) | Stadt-/Gemeinde-haushalt | |

in erster Linie darauf an, auf welcher Ebene die Entscheidungen am sinnvollsten getroffen und ihre Ausführung vollzogen werden soll. Hierbei sollte sich die höhere Ebene auf die Formulierung der globalen Ziele und Richtlinien beschränken und die Konkretisierung der Planung der Ebene überlassen, die dichter am Bürger ist.

Die Gemeinden sind durch die *„Anpassungspflicht"* gehalten, sich im Rahmen der übergeordneten Planungen zu bewegen. Gleichzeitig sind die Gemeinden bei ihren Satzungsentscheidungen durch die *„Genehmigungspflicht"* an die Aufsichtsbehörden gebunden. Ein besonderes Kapitel der Politikverflechtung bilden die *„Mischfinanzierungen"*, die durch ihr Zuschußwesen kommunale Investitionen erst ermöglichen, diese aber den Richtlinien der Zuschußgeber unterwerfen („Goldener Zügel"). Besonders strikte *Vorgaben* für die Verwaltungsführung vor Ort ergeben sich auch aus den *Fachplanungen* übergeordneter Behörden.

## 2. Auswirkungen des Aufgaben-, Planungs- und Finanzverbundes

In der kommunalen Praxis ist in den letzten Jahren eine zunehmende Einengung der kommunalen Selbstverwaltung durch den Staat und damit eine abnehmende lokale Gestaltungsfähigkeit festzustellen. Als Ursachen der Einengung kommunaler Entscheidungsmöglichkeiten gelten:

### a) Das Ziel der Gleichwertigkeit der Lebensverhältnisse

Das grundsätzliche Ziel der *Gleichwertigkeit der Lebensverhältnisse* in der Bundesrepublik wurde von allen politischen Kräften in Bund, Ländern und Gemeinden verfolgt. Gleichheit und Einheitlichkeit neigen zur Zentralisierung, d. h. zur staatlichen Kontrolle über Finanzen und Gestaltungsmaßstäbe.

### b) Staatliche Konjunktursteuerung

Wirtschaftliche Krisensituationen durch Konjunktureinbrüche förderten die Versuche, den ökonomischen Gesamtprozeß staatlich zu beeinflussen und damit Kosten durch die bessere Koordinierung von Kapital und Arbeit zu senken, um langfristig das Wirtschaftswachstum zu sichern. Instrumente hierzu waren z. B. das Stabilitäts- und Wachstumsgesetz von 1969, das Gesetz zur mittelfristigen Finanzplanung und die Gemeinschaftsaufgabe zur Verbesserung der regionalen Wirtschaftsstruktur.

## c) Reaktionen auf soziale Krisen

Die Verantwortung der staatlichen Regierungen in krisenhaften Situationen und der Zwang zum Handeln förderten immer wieder die Neigung des Gesetzgebers, sich Handlungsspielräume zu Lasten anderer zu verschaffen, wie z. B. das Abdrängen der Langzeitarbeitslosen in die kommunale Sozialhilfe.

## d) Methoden zur Stärkung der Zentralinstanzen

- *Zunehmende gesetzliche Regelungen*
  Eine Fülle von Plänen und Programmen der Länder zur Regional- und Landesplanung haben die Planungshoheit der Gemeinden nicht unwesentlich eingeschränkt. Bund und Länder nehmen durch die Einbindung der Kommunen in ein immer dichter werdendes Netz staatlicher Vorgaben und Auflagen Einfluß auf immer mehr Politikfelder vor Ort.
- *Aufgabenübertragung*
  Eine Überlastung der Gemeinden durch eine verstärkte staatliche Aufgabenzuweisung bedeutet eine zunehmende Einengung der kommunalen Steuerungsautonomie.
- *Steigende Kostenbelastung*
  Mit den übertragenen Aufgaben stiegen die Kosten, die nur teilweise refinanziert wurden. Erschwerend kam hinzu, daß der Gesetzgeber auch deren innerorganisatorische Einbindung, die Besetzung mit Personal bestimmter Qualifikationen usw. regelte.
- *Misch-Föderalismus*
  Bei Mischfinanzierungen werden die Gemeinden durch eine begrenzte Anteilsfinanzierung gelockt, die aber ebenfalls eine Erhöhung der Verschuldung zur Folge hat. Gesteuert werden diese Verflechtungen durch die sogenannten vertikalen Fachbruderschaften, fachliche Abstimmungsgremien, die dazu neigen, die Aufgabenerfüllung laufend zu verfeinern und die Standards zu erhöhen. Zweckzuweisungen und Mischfinanzierungen bedeuten eine Ausweitung der Staatsaufsicht über die Kommunen, führen gleichzeitig zu einem Abbau der poli-

tischen Verantwortlichkeit und verhindern den klaren Blick auf die Folgekosten kommunaler Investitionen.

## 3. Forderungen für eine Aufwertung kommunaler Selbstverwaltung

Eine Aufwertung kommunaler Selbstverwaltung ist dringend notwendig. Dazu sind folgende Voraussetzungen zu schaffen:

– Eine sinnvolle Aufgabenverteilung durch abgestufte Aufgabenverantwortlichkeit, z. B. effektiver Umweltschutz, vor allem bei der Festlegung der ökologischen Rahmenbedingungen (Umweltbelastung durch Industrie-Emissionen oder Kraftfahrzeugverkehr), kann nur auf der bundesstaatlichen Ebene bzw. durch die Einbeziehung der europäischen Gemeinschaft wirkungsvoll praktiziert werden. Aufgaben jedoch der Stadterneuerung und Wohnumfeldverbesserung, des Erhalts ökologischer Schutzbereiche oder der kommunalen Kultur müssen unverzichtbar auf der Ebene der Gemeinde entschieden werden.

– Bessere Mitwirkungsmöglichkeiten der Kommunen an den staatlichen Planungen, wenn ortsbedeutsame Entscheidungen auf überörtlicher Ebene getroffen werden.

– Stärkung der örtlichen Problemlösungskraft durch eine Funktionalreform, d. h. durch Dezentralisierung von Entscheidungskompetenzen.

– Verzicht auf eine weitere Aushöhlung der kommunalen Gewerbesteuer und eine ausreichende Beteiligung der Kommunen an der Mehrwertsteuer, um eine Stabilisierung der örtlichen Finanzen zu erreichen.

– Ausweitung der wissenschaftlichen Information und Beratung über gesellschaftliche Entwicklungstrends.

# 4. Wohin in Europa?

Europa ist und bleibt eine Herausforderung für die Kommunen und ihre Regionen. Zum einen beeinflußt die europäische Gesetzgebung direkt den Handlungsspielraum der Kommunen (z. B. Vergabeordnung, Energieversorgung, Umweltrecht). Zweitens schickt Europa die Kommunen in einen internationalen Wettbewerb um industrielle und Dienstleistungs-Standorte. Drittens sind in Brüssel Fördermittel zu holen, wenn die vorgegebenen Ziele angestrebt werden, die Rahmenbedingungen stimmen und lokale Anstrengungen unternommen werden. Schließlich geht es um die Wahrnehmung und Wahrung kommunaler Interessen, wenn durch die kommunalen Spitzenverbände auf die Rahmenbedingungen künftiger Politikgestaltung in Europa konkret Einfluß genommen wird. Typisch hierfür ist der Streit, wer im „Ausschuß der Regionen" die Interessen der Kommunen vertritt.

Das im Grundgesetz formulierte Prinzip der Gleichwertigkeit der Lebensverhältnisse muß auch auf europäischer Ebene Gültigkeit erhalten. Durch ausgewählte strukturpolitische Maßnahmen sollen alle Regionen an den wirtschaftlichen Vorteilen des EG-Binnenmarktes teilhaben. Für benachteiligte Regionen setzt die EG ihre „Strukturfonds" ein. Die Strukturfonds orientieren sich an unterschiedlichen Zielen (z. B. Bekämpfung der Arbeitslosigkeit) und stellen Gelder anhand der „gemeinschaftlichen Förderkonzepte (GFK)" bereit. Die GFK bestimmen die gemeinsamen Aktivitäten und geben die Finanzierung (Zuschüsse oder Darlehen) vor. Sie haben nur einige Jahre Laufzeit und werden in „operationellen Programmen" umgesetzt (z. B. Straßenbauprogramme, Errichtung von Telekommunikationsnetzen). Darüber hinaus gibt es spezifische Förderprogramme (z. B. für Städtepartnerschaften, Integration Benachteiligter, schulische und kulturelle Zusammenarbeit). Förderrichtlinien sind in der Regel auch über die zuständigen Landesministerien zu erhalten.

Nicht jeder bemerkt, wie stark die europäische Einigung die realen Lebensverhältnisse beeinflußt. Und dennoch prägt sie zunehmend unsere soziale und politische Wirklichkeit – weit über

Stahlkrisen, Verkehrsabsprachen und europäische Gerichtsurteile hinaus. Dies zur Kenntnis zu nehmen und über die Regionalpolitik aktiv mitzugestalten ist auch Aufgabe für eine zukunftsorientierte Kommunalpolitik.

# Kapitel VI
# Arbeit im Rathaus: Die Verwaltung

## 1. Welche Aufgaben hat die Verwaltung zu erledigen?

Neben der gewählten Gemeindevertretung besteht als weiteres Organ der kommunalen Selbstverwaltung in jeder Gemeinde eine eigenständige Verwaltungsbehörde. An ihrer Spitze steht ein Verwaltungschef, der in der Regel Bürgermeister heißt. Er ist mit seiner Verwaltung für die Aufgabenerledigung verantwortlich. Hierzu gehören

– *Ausführung der Beschlüsse* der Gemeindevertretung
– *Vorbereitung* von Beschlüssen der Gemeindevertretung
– Durchführung der *staatlichen Auftragsangelegenheiten*
– *Erledigung der Geschäfte der laufenden Verwaltung,* die dem reibungslosen Ablauf der Verwaltungsarbeit dienen.

## 2. Wie funktioniert die Verwaltung?

Für die Durchführung ihrer Aufgaben ist die Verwaltung an Recht und *Gesetz* sowie die einzelnen *Beschlüsse* der Gemeindevertretung gebunden. Als vorrangiges Führungsinstrument einer Kommunalverwaltung gelten die *Satzungen* einer Gemeinde. Da der Verwaltungschef gegenüber der Gemeindevertretung die Verantwortung für die Aufgabenerledigung trägt, gilt in der Verwaltung eine hierarchische Gliederung mit *Anweisungsrecht.* Unterstützt wird der Verwaltungschef durch seine Stellvertreter (Beigeordnete) und durch hauptamtliche oder nebenamtliche *Dezernenten,* die eigenverantwortlich einzelne Verwaltungszweige leiten.

Der Zuordnung von *Verantwortlichkeiten* dient die Trennung von Beschlußfassungsorgan und Ausführungsorgan. Das Mitglied einer Gemeindevertretung hat daher keine Weisungsbefugnis gegenüber einem Gemeindebediensteten. Um die Aufgabenerledigung rational und effizient durchführen zu können, steht dem Verwaltungschef die *Entscheidungsbefugnis* über die innere *Organisation* der Verwaltung sowie die für eine laufende Verwaltung üblichen Entscheidungen, genannt *einfache Geschäfte der laufenden Verwaltung*, zu. Er ist *Dienstvorgesetzter* der Gemeindebediensteten.

Verwaltungshandeln zeigt sich im *Verwaltungsakt*. Dieser kann eine *Binnenwirkung* haben, indem er personelle oder finanzielle Auswirkungen für die Verwaltung selbst hat. Eine *Drittwirkung* haben Verwaltungsakte dann, wenn sie rechtliche oder finanzielle Auswirkungen auf Personen außerhalb der Verwaltung haben. Dies ist regelmäßig dann der Fall, wenn Bürger von *Bescheiden* der Verwaltung betroffen sind. Gegen Verwaltungsakte können sich Bürger entweder durch *Widerspruch* und/oder durch *Klage* wehren.

Die Gemeindeverwaltung hat ihre Einwohner über wichtige Angelegenheiten in geeigneter Form zu *unterrichten*. Hierzu gehören nicht nur wesentliche Planungen, sondern auch z. B. das Aushängen eines Verwaltungsgliederungs- und Geschäftsverteilungsplans an geeigneter Stelle im Rathaus. Zur *Beratungsaufgabe* der Verwaltung für ihre Bürger gehört auch, daß die Gemeindeverwaltung eine Sammlung der geltenden Gesetze und Rechtsverordnungen des Bundes und des Landes sowie auch eine Sammlung aller im Gemeindegebiet geltenden Satzungen zur Einsicht durch die Einwohner während der Sprechzeiten der Gemeindeverwaltung bereithält. Gegen Erstattung der Kosten können auch Auszüge angefertigt werden.

## 3. Die Rolle der Verwaltung im kommunalen Willensbildungsprozeß

In der Praxis zeigt sich, daß insbesondere in mittleren und größeren Städten von der Verwaltung sehr viele *Initiativen* ausgehen. Von der Tagesordnung einer Kommunalvertretung her kann man erkennen, daß nur ein Teil der Anträge von Fraktionen oder einzelnen Mitgliedern stammen. Die Mehrheit der Vorlagen und Anträge, die in diesen Gremien beraten und beschlossen werden, stammen aus der Verwaltung. Dies ist verständlich, wenn man bedenkt, daß sich in der Verwaltung spezialisierte Mitarbeiter hauptberuflich mit den Fragen der Kommune befassen. Aufgrund der Aufgabenfülle führt dies in größeren Städten zu einer Abhängigkeit der „Freizeitpolitiker" von den Verwaltungsexperten. Die sich hieraus ergebende Gefahr einer „Expertokratie" ist von den Parteien schon seit langem erkannt worden. Ihre Bemühungen richten sich darauf,

a) *die Arbeitsmöglichkeiten der Ratsmitglieder* zu verbessern (Zugang zur EDV-gestützten Arbeit),
b) durch *Fortbildung* die Arbeitsteilung zu unterstützen,
c) *Gegen-Experten* in Arbeitskreisen der Parteien zu etablieren,
d) sich auf *Schwerpunkte* sowie langfristige *Programmarbeit* zu konzentrieren.

Außer der direkten *Einflußnahme* von Verwaltungsmitgliedern auf die jeweiligen Fraktionen (z. B. Teilnahme des Verwaltungschefs an den Fraktionssitzungen der Mehrheitsfraktion) bieten die *Verwaltungsvorlagen* das wesentliche Steuerungselement, um von seiten der Verwaltung Einfluß auf die kommunalpolitische Willensbildung zu nehmen. Verwaltungsvorlagen können eindeutige Vorschläge unterbreiten oder Zweifel an der Durchführung säen. Sie können durch Verfahrensvorschläge den Ablauf beschleunigen oder durch Teilauskünfte einen Entscheidungsprozeß verlangsamen. Eine gute Verwaltung bietet eine *Informationsaufbereitung* „in geeigneter Form" an und macht die Kommunalvertretung auf mögliche Probleme aufmerksam.

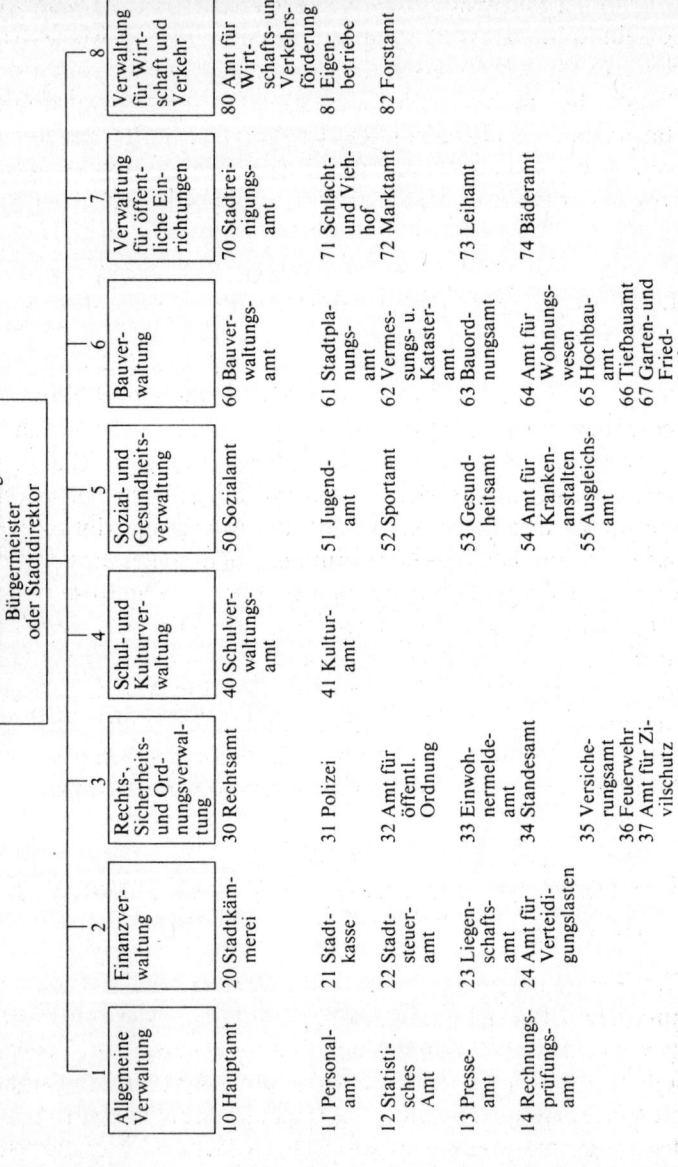

*Abbildung 8:* Beispiel einer Organisationsübersicht für Stadtverwaltungen

Chef der Verwaltung: Bürgermeister oder Stadtdirektor

| 1 Allgemeine Verwaltung | 2 Finanzverwaltung | 3 Rechts-, Sicherheits- und Ordnungsverwaltung | 4 Schul- und Kulturverwaltung | 5 Sozial- und Gesundheitsverwaltung | 6 Bauverwaltung | 7 Verwaltung für öffentliche Einrichtungen | 8 Verwaltung für Wirtschaft und Verkehr |
|---|---|---|---|---|---|---|---|
| 10 Hauptamt | 20 Stadtkämmerei | 30 Rechtsamt | 40 Schulverwaltungsamt | 50 Sozialamt | 60 Bauverwaltungsamt | 70 Stadtreinigungsamt | 80 Amt für Wirtschafts- und Verkehrsförderung |
| 11 Personalamt | 21 Stadtkasse | 31 Polizei | 41 Kulturamt | 51 Jugendamt | 61 Stadtplanungsamt | 71 Schlacht- und Viehhof | 81 Eigenbetriebe |
| 12 Statistisches Amt | 22 Stadtsteueramt | 32 Amt für öffentl. Ordnung | | 52 Sportamt | 62 Vermessungs- u. Katasteramt | 72 Marktamt | 82 Forstamt |
| 13 Presseamt | 23 Liegenschaftsamt | 33 Einwohnermeldeamt | | 53 Gesundheitsamt | 63 Bauordnungsamt | 73 Leihamt | |
| 14 Rechnungsprüfungsamt | 24 Amt für Verteidigungslasten | 34 Standesamt | | 54 Amt für Krankenanstalten | 64 Amt für Wohnungswesen | 74 Bäderamt | |
| | | 35 Versicherungsamt | | 55 Ausgleichsamt | 65 Hochbauamt | | |
| | | 36 Feuerwehr | | | 66 Tiefbauamt | | |
| | | 37 Amt für Zivilschutz | | | 67 Garten- und Friedhofsamt | | |

Die Zusammenarbeit von Vertretung und Verwaltung geschieht keineswegs abgekapselt von den lokalen Machtstrukturen und Interessenverbänden. In die Bearbeitung der Vorlagen fließen die aus überörtlichen Kontakten der Verwaltungsspitze stammenden Anforderungen des Aufgaben-, Planungs- und Finanzverbundes ebenso ein wie die Interessen- und Wertvorstellungen der örtlichen Träger des gesellschaftlichen Lebens.

## 4. Wieviel Personal braucht eine Kommunalverwaltung?

Wegen der Personalhoheit der Kommunen und ihrer unterschiedlichen Finanzausstattung verbieten sich einheitliche Festlegungen über die Anzahl von Verwaltungsmitarbeitern. Die Personalausstattung richtet sich vor allem nach der Größe der Kommune und ihrer Aufgabenfülle. Allerdings gibt es beispielhafte Personalstellen-Zuordnungen, den sogenannten *Stellenkegel*, um Vergleichbarkeit zu ermöglichen. Die Kommunen erhalten eine derartige Hilfestellung zur optimalen Personalausstattung durch die Kommunale Gemeinschaftsstelle für Verwaltungsvereinfachung (KGSt) mit Sitz in Köln. Die Zuordnung der einzelnen Personalstellen auf die jeweiligen Ämter sowie ihre tarifliche Eingruppierung ist im *Stellenplan* ausgewiesen, der eine Anlage zum jährlichen Haushaltsplan der Gemeinde ist.

## 5. Die Modernisierung der Selbstverwaltung als Aufgabe

Die Bemühungen um eine Verbesserung lokaler Politikbedingungen dürfen sich nicht nur darauf beschränken, etwas von anderen zu fordern. Ohne eine Modernisierung der Verwaltung selbst, durch die Übernahme betriebswirtschaftlichen Denkens in die Verwaltung, kann diese nicht glaubwürdig bleiben. Aber auch die Ausübung kommunalpolitischer Macht muß ergebnisorientierter, kostengünstiger und bürgernäher, d. h. nach moderneren

Grundsätzen erfolgen. Entweder verändern Rat und Verwaltung ihre Denkweisen und Arbeitsstile oder sie werden weiter an integrativem Einfluß verlieren – zum Nachteil der Bürger.

Die Krise rüttelt an den deutschen Rathäusern. Die Symptome der Krise zeigen sich vor allem an drei Stellen:

*Finanzkrise:* Die Haushaltsdefizite der Kommunen zeigen zusammengefaßt Milliardenlöcher, und die Ratlosigkeit wächst.

*Vertrauenskrise:* Umfragen zeigen, daß die Bürger immer weniger Vertrauen in die Leistungsfähigkeit kommunaler Verwaltung haben. Rat und Verwaltung sitzen in einem Boot, denn der Vorwurf lautet, „den Städten" fehle die Problemlösungskompetenz.

*Innere Krise:* Der Haussegen hängt schief im Verhältnis zwischen vielen Räten und den jeweiligen Verwaltungen. Der Vorwurf an die Verwaltung lautet, sie sei zu langsam, zu bürokratisch und verschleiere wichtige Informationen. Umgekehrt ist die Verwaltung unzufrieden mit den Politikern, denen sie die übertriebene Beschäftigung mit Details ankreidet, ihnen vorwirft, in die Verwaltung hineinzuregieren und keine Ahnung von dem Aufwand zu haben, den sie durch ihren Gremienbetrieb verursachen.

Ansatzpunkte für Lösungen dieser Probleme liegen auf mehreren Ebenen:

– Eine neue Verwaltungs-Philosophie muß her. Die Verwaltung sollte sich orientieren am Leitbild des „Dienstleistungsunternehmens Kommunalverwaltung" und sich vom Gehabe einer Hoheits-Behörde verabschieden. Die Verwaltung ist für den Kunden da, und die Bürger erwarten, daß die Stadt mit den zur Verfügung gestellten Mitteln sparsam und effektiv umgeht.

– Rat und Verwaltung brauchen ein neues Machtgleichgewicht. Ihre Aufgabenverteilung muß geändert werden. Beide sollten die Organisation durch gemeinsam ausgehandelte Ziele und strategische Leitlinien („auf Abstand") steuern sowie durch ein umfassendes, gestuftes Berichtssystem. Verwaltungschef und Beigeordnete würden dann zur „Politik" gehören und die Betriebseinheiten der Verwaltung die Leistungsziele durchführen.

– Die Verwaltung arbeitet nicht nur nach Gesetzen, Erlassen,

Verordnungen, Satzungen, sondern erstellt klar definierte preisgünstige „Dienstleistungs-Produkte", die eine Leistungsmessung zulassen.

- Im Finanzwesen bedeutet die Neuorientierung zweierlei: Zuerst muß Abschied genommen werden von der bisherigen Höhe der Schuldenaufnahme zu Lasten späterer Generationen. Notwendig ist die Umsteuerung vom Wünschbaren hin zum Finanzierbaren. Dabei helfen die Instrumente der „Aufgabenkritik" und des „Standardabbaus". Während durch die „Aufgabenkritik" überprüft wird, ob die einzelne Aufgabe in Zukunft überhaupt noch oder in dem bisherigen Umfang erfüllt werden soll, zielt der Abbau des Standards (z. B. Breite des jeweiligen Straßentyps) darauf ab, die Aufgabenerfüllung zu vereinfachen und zu verbilligen. Außerdem muß das Haushaltswesen dadurch reformiert werden, daß die Kameralistik („Haushalts-Töpfe") durch die kaufmännische Buchführung ergänzt wird, die sich an Kosten und Leistung orientiert. Hierzu gehört auch die Budgetierung (das Festlegen eines Budgets für eigenverantwortliche Betriebsbereiche) und das Controlling als zukunftsorientierte Hilfestellung für die Verantwortlichen. Weitergehende Forderungen wären eine Experimentierklausel im Haushaltsrecht und Änderungen in der Kommunalverfassung.

- Organisatorisch ist mit einer „neuen Verwaltungskultur" die Tendenz zu einem kooperativen Führungsstil verbunden. Dies bedeutet den Abbau von Hierarchie, die Dezentralisierung mit Verlagerung von Verantwortung nach unten, das Aufheben einer überzogenen Arbeitsteilung und die Beschleunigung der Bearbeitungszeiten. Damit verbunden ist auch ein Abbau der zentralen Querschnittsverwaltung (Hauptamt, Personalamt) und die Verlagerung von Personalkompetenz in die Betriebsbereiche.

- Die Stärkung der Eigenverantwortlichkeit des einzelnen Mitarbeiters, eine mehr leistungsorientierte Bezahlung und die Einführung eines ehrlichen und funktionierenden Beurteilungswesens schaffen mehr Motivation und Veränderungsbereitschaft. Hier stößt der Reformwille auf das bestehende

Dienst- und Tarifrecht. Werden die Veränderungen jedoch gemeinsam mit dem Personal und seinen gewerkschaftlichen Vertretungen angegangen, so zeigen die Bemühungen in einigen Städten, daß die heutigen Möglichkeiten selten ausgeschöpft werden. Eine zukunftsorientierte Personalentwicklungsplanung mit dem Ziel der Qualifizierung der Mitarbeiter ist machbar. Gebraucht werden mehr betriebswirtschaftliche Elemente in der Verwaltungsausbildung und eine Verstärkung der berufsbegleitenden Weiterbildung.

Die vorstehenden Lösungsmöglichkeiten machen aber auch deutlich, daß eine Umgestaltung der Verwaltung mehrere Jahre Zeit in Anspruch nimmt und viel Engagement braucht. Dieser Aufwand ist jedoch die einzige Alternative zur Ohnmacht gegenüber den krisenhaften Verhältnissen.

# Kapitel VII
# Die Arbeit der Gemeindevertretung

Kommunalpolitik wird wesentlich in den Gemeinderatssitzungen geformt. In ihnen werden zahlreiche Entscheidungen getroffen, die die Lebensverhältnisse vieler Menschen berühren und manches Mal längerfristige Entwicklungen bestimmen. Das Gemeindeparlament ist das Hauptorgan der kommunalen Selbstverwaltung und hat über alle wichtigen Angelegenheiten der Kommune zu entscheiden.

## 1. Welche Aufgaben hat die Gemeindevertretung zu erledigen?

- Probleme aufzeigen.
- Ziele der Stadtentwicklung formulieren und öffentlich kommunizieren.
- Richtlinien und Grundsätze vorgeben, nach denen die Verwaltung arbeiten kann.
- Durch Satzungen örtliches Recht setzen.
- Führungspersonal wählen bzw. ernennen.
- Die Verwaltung kontrollieren.
- Die öffentliche Zustimmung für neue Aufgaben und Problemlösungen mobilisieren.

Nimmt die Gemeindevertretung ihre Zuständigkeit für kommunale Angelegenheiten ernst, so können in der Gemeindevertretung besondere *Problemlagen* artikuliert und Zielvorgaben formuliert werden. Beispiele hierfür sind die Förderung der Kinderfreundlichkeit in der Stadt, Jugendarbeitslosigkeit, die Berücksichtigung des wachsenden Anteils älterer Menschen, die

Integration von Spätaussiedlern, Ausländern und Asylanten, oder Energieeinsparungen, Verkehrssicherheit usw. Ein Problemaufriß kann dann zu der Aufgabe für die Verwaltung führen, Analysen zu erstellen, Pläne zu entwerfen oder auch einzelne Maßnahmen zu ergreifen. Um sich nicht in einer Vielzahl von Einzelfallentscheidungen zu verlieren, ist es Aufgabe der Gemeindevertretung, *Richtlinien* zu erarbeiten. Die fachliche Ausgestaltung ist Aufgabe der Verwaltung. Grundsätzliche Richtlinien nennt man Satzungen.

*Das kommunale Satzungsrecht bietet die Grundlage für die Steuerungsfähigkeit des Gemeinwesens.* Die gemeindlichen Satzungen, die für alle Einwohner gleichermaßen gelten, lassen sich wie folgt unterscheiden:

a) *Satzungen,* die mehr verfassungsrechtlichen, organisatorischen Inhalt haben, z. B. Hauptsatzung, Satzung für Eigenbetriebe, Satzung für Sparkassen usw.

b) Die *Haushaltssatzung* ist eine besondere Satzungsart mit Rechtscharakter und legt das Finanzvolumen der Kommune fest. Ein wesentlicher Bestandteil der Haushaltssatzung ist der Haushaltsplan. Er stellt die Grundlage für die Ausgaben der Verwaltung, jedoch nicht für die Einnahmen dar. Einnahmen sind nicht genau planbar.

c) Satzungen über *Anschluß- und Benutzungszwang* (z. B. Kanalanschluß).

d) *Gebühren- und Entgeltsatzungen* für die Inanspruchnahme kommunaler Leistungen (z. B. Musikschule, Freibad).

e) Satzungen in Form von *Bebauungsplänen.*

Gemeindesatzungen gelten grundsätzlich zeitlich unbeschränkt, d. h., sofern sie nicht geändert werden, auch über Wahlperioden hinaus.

Bei der *Kontrollaufgabe* gegenüber der Verwaltung ist zu unterscheiden zwischen der *Zielkontrolle* (z. B. vorgegebener Anteil an Kindergartenplätzen) und der *Wirkungskontrolle* (tatsächliche Nutzung durch bestimmte Bevölkerungsgruppen, Öffnungszeiten usw.).

Der soziale, technologische, ökologische und ökonomische Strukturwandel führt in den Kommunen zu komplexen Aufga-

*Abbildung: 9:* Kommunikationsstruktur (vereinfacht)

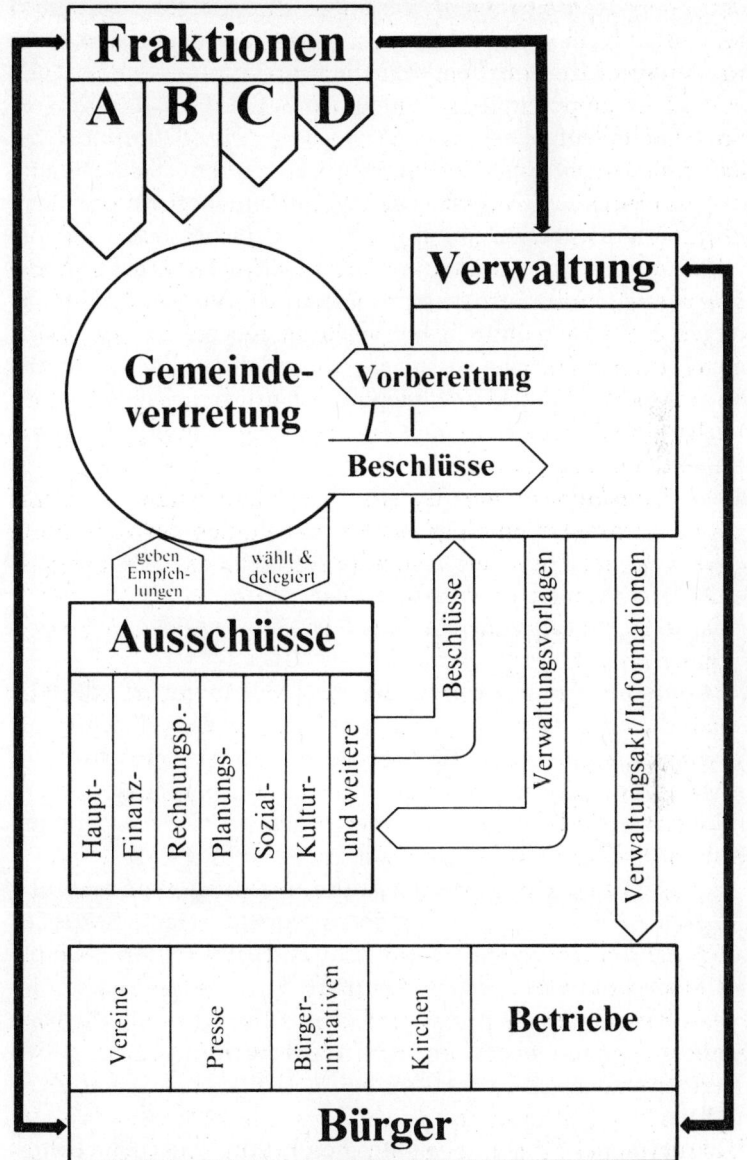

ben, die nicht allein durch Investitionen, sondern oft notwendigerweise durch Bewußtseinswandel und Verhaltensänderungen gemeistert werden müssen. Da mit Beschlüssen allein noch keine Abhilfe geschaffen wird, sondern die Bevölkerung insgesamt angesprochen werden muß, kommen hier auf die Gemeindevertretungen neue Aufgaben der *Mobilisierung von Zustimmung für kommunale Reformaufgaben* zu, z. B. Energieeinsparungen, Landschaftsschutz, Flächenrecycling, Verkehrsberuhigung usw.

Da die Aufgabenerledigung sehr vielschichtig ist, kann die Gemeindevertretung im Sinne einer *Arbeitsteilung* Entscheidungskompetenzen an Ausschüsse bzw. die Verwaltungsspitze delegieren. Ausgenommen hiervon sind zentrale Entscheidungen, welche personelle, rechtliche, finanzielle und wirtschaftliche Grundlagen der Gemeindepolitik berühren. Diese Grundsatzentscheidungen sind in der Gemeindeordnung aufgeführt und wegen ihrer rechtlichen Wirkungen der Gemeindevertretung vorbehalten.

## 2. Politisches Management statt öder Hahnenkämpfe

Die Modernisierung kommunaler Machtausübung erfordert die Bereitschaft der Gemeindevertretung und Stadträte, sich selbst in Frage zu stellen. Für Außenstehende sind Ratssitzungen oft entweder eine undurchsichtige Abstimmungsmaschinerie oder eine von rhetorischen Ritualkämpfen geprägte Zeitvergeudung ohne wesentlich neue Erkenntnisse.

Das Ratsgremium ist für die politisch-strategische Steuerung und Kontrolle der Verwaltung verantwortlich. Detaildiskussionen lenken das Interesse von dieser eigentlichen Aufgabe ab. Deshalb würde eine Verbesserung der Steuerungsfunktion des Rates nicht nur politische Motivation schaffen, sondern auch den Bürgern direkt zugute kommen. Eine solche Stärkung der politischen Führungsverantwortung sollte sich auf folgende Ziele orientieren:

– Förderung einer neuen „politischen Kultur" durch die Fähig-

## *Abbildung 10:* Das alte und das neue Haus

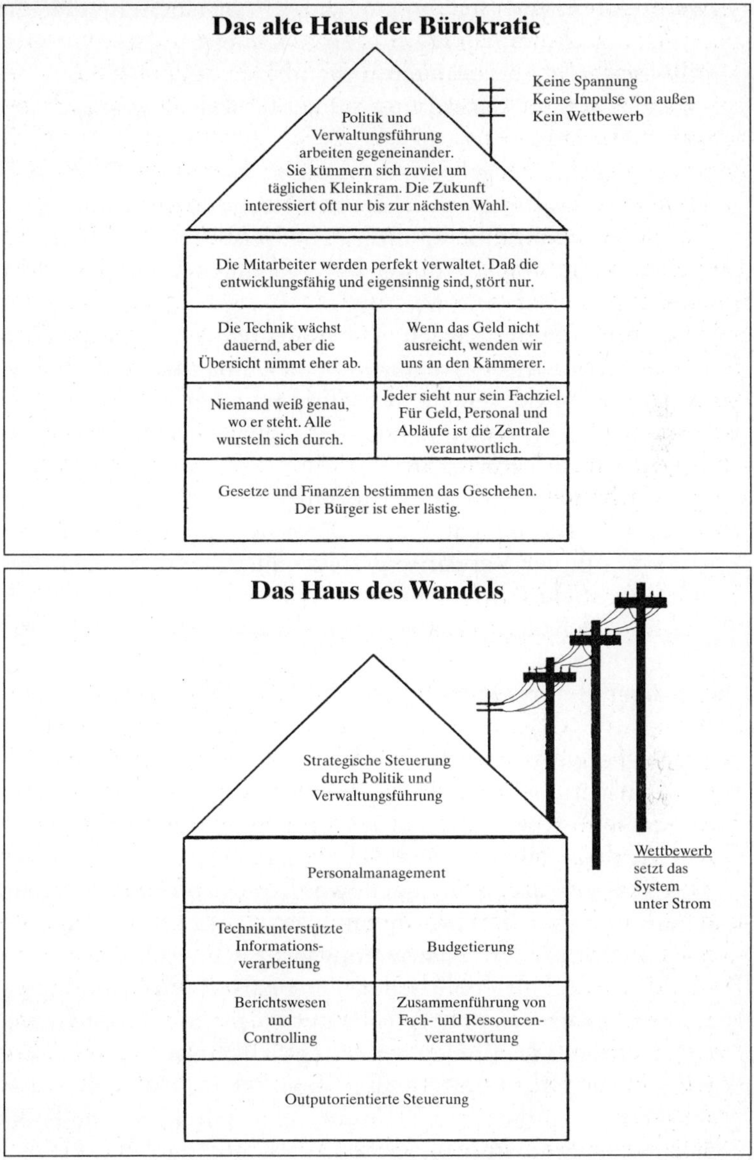

### Das alte Haus der Bürokratie

Keine Spannung
Keine Impulse von außen
Kein Wettbewerb

Politik und
Verwaltungsführung
arbeiten gegeneinander.
Sie kümmern sich zuviel um
täglichen Kleinkram. Die Zukunft
interessiert oft nur bis zur nächsten Wahl.

Die Mitarbeiter werden perfekt verwaltet. Daß die
entwicklungsfähig und eigensinnig sind, stört nur.

| Die Technik wächst dauernd, aber die Übersicht nimmt eher ab. | Wenn das Geld nicht ausreicht, wenden wir uns an den Kämmerer. |
| Niemand weiß genau, wo er steht. Alle wursteln sich durch. | Jeder sieht nur sein Fachziel. Für Geld, Personal und Abläufe ist die Zentrale verantwortlich. |

Gesetze und Finanzen bestimmen das Geschehen.
Der Bürger ist eher lästig.

### Das Haus des Wandels

Strategische Steuerung
durch Politik und
Verwaltungsführung

Wettbewerb
setzt das
System
unter Strom

Personalmanagement

| Technikunterstützte Informations- verarbeitung | Budgetierung |
| Berichtswesen und Controlling | Zusammenführung von Fach- und Ressourcen- verantwortung |

Outputorientierte Steuerung

keit, die eigenen Interessen formulieren zu können, die Interessen anderer zu erkennen und in der Krise einen tragfähigen Interessenausgleich herbeiführen zu können.

- Erhöhung der Wirksamkeit anhand klar definierter Zielabsprachen mit der Verwaltung auf der Grundlage gesellschaftlicher Werte.
- Beachtung einer ergebnisorientierten Machtteilung zwischen Rat und Verwaltungsspitze, die eine Kooperation ermöglicht.
- Öffnung der Kommunalpolitik zu mehr Bürgerbeteiligung.

Diese Zielvorstellungen können auf folgenden Wegen erreicht werden:

a) Bündelung der politischen Arbeit auf *reformpolitische Ziele* hin. Auch bei den notwendigen Sparmaßnahmen müssen die sozialen Perspektiven für das Zusammenleben in der Kommune angesichts zunehmender Individualisierung und Entsolidarisierung erkennbar bleiben.

b) Setzen von Prioritäten und Konzentration der Aktivitäten auf konkrete Fortschritte in diesen Bereichen. Zu den Prioritäten gehören mit der Verwaltungsspitze ausgehandelte *operationalisierte Ziele*, d. h., sie müssen finanziell, personell, zeitlich und im Ergebnis meßbar sein. Zur Konzentration auf Prioritäten gehört auch der Abbau von Gremienbetrieb bzw. -leerlauf überall dort, wo nicht in der Sache entschieden werden kann.

c) *Beschleunigung des Entscheidungsprozesses.* Die durch Datenverarbeitung gestützten Informationen der Verwaltung sollten in einem gemeinsamen Berichtswesen genutzt werden. Auch das Heranziehen von Experten könnte in einem gemeinsamen Prozeß vereinfacht werden. Die öffentliche Suche nach kreativen Alternativen durch eine frühzeitige Bürgerbeteiligung würde den Entscheidungsprozeß bereichern.

d) *Qualifizierung* des politischen Personals durch Schulung in Kommunikations- und Arbeitsmethoden, in Managementtechniken und Methoden der Öffentlichkeitsarbeit. Auch die wissenschaftliche Beratung über gesellschaftliche Trends und ihre Auswirkungen in den Kommunen sollten sich die Fraktionen verstärkt zunutze machen.

e) Öffnung der Stadt hin zu ihren Bürgern:
   – Gebraucht wird ein neues Rollenverständnis der Mandats-
     träger als Organisatoren des kreativen Sachverstandes in
     der Stadt (und darüber hinaus), z. B. in Form von „runden
     Tischen". Aufgabe ist es, die Betroffenen, die Experten, die
     Macher und die Entscheider zusammenzuführen.
   – Mehr Information und Befragung der gesamten Bürger-
     schaft, um der Klientel-Politik entgegenzuwirken.
   – Schaffung von Transparenz durch einen informativen
     Städtevergleich, der ggf. auch Begehrlichkeiten zurückzu-
     drängen hilft.
   – Unterstützung des einzelnen Mandatsträgers bei seinen
     Bürgerkontakten durch ein städtisches Bürgerbüro.
f) Der kommunalpolitische Handlungsspielraum kann nur dann
   erhalten bleiben, wenn die zufälligen Einzelfallabstimmun-
   gen ersetzt werden durch Haushaltsbudgets, die etwas über
   die Gewichtung der Aufgabenbereiche aussagen. Nur wenn
   alle Entscheidungen auf Einsparpotentiale hin untersucht
   werden, kann eine Finanzblockade abgewendet werden.

## 3. Die Hauptsatzung als Gemeinderecht

Jede Gemeinde hat eine Hauptsatzung zu erlassen, die mit der
Mehrheit der gewählten Gemeindevertreter beschlossen werden
muß. Die Hauptsatzung ist das Verfassungsstatut der Gemeinde
und ergänzt das in der Gemeindeordnung festgeschriebene
Kommunalverfassungsrecht durch spezielle örtliche Regelungen. Auch wenn die Hauptsatzung kein förmliches Gesetzge-
bungsverfahren durchlaufen hat, so ist sie im örtlichen Gel-
tungsbereich genauso verbindlich wie ein Landesgesetz. Im
einzelnen regelt sie die *Vorschriften*, die nach der Gemeindeordnung ausdrücklich einer Regelung durch die Hauptsatzung vorbehalten sind. Beispiele sind:
– Die Form der öffentlichen Bekanntmachung.
– Bestimmungen über die Unterrichtung der Einwohner und
  anderen Beteiligungsformen.

- Einteilungen des Gemeindegebietes in Bezirke bzw. Ortsteile mit eigenen Vertretungen.
- Die Genehmigungspflicht von Verträgen zwischen der Gemeinde und Vertretungsmitgliedern.
- Regelungen über den Ersatz des Verdienstausfalls sowie die Höhe der Aufwandsentschädigungen und Sitzungsgelder für Gemeinderatsmitglieder und Mitglieder von Ausschüssen.
- Bildung der Ausschüsse usw.

Darüber hinaus gibt es eine Reihe von Regelungen, die nur in der Hauptsatzung zu treffen sind, wie z. B.:

- Das Akteneinsichtsrecht für Personen bzw. Personengruppen,
- die Zahl der Beigeordneten,
- Zuständigkeitsregelungen für die Ernennung, Beförderung und Entlassung von Beamten sowie die arbeits- und tarifrechtlichen Entscheidungen für die Angestellten und Arbeiter.

In der Hauptsatzung kann die Gemeindevertretung alles das rechtlich verankern, was ihr als wichtig erscheint. Allerdings sollte man nichts Überflüssiges in die Hauptsatzung aufnehmen, da alle Abweichungen einer vorherigen Änderung dieser Satzung und ihrer öffentlichen Bekanntmachung bedürfen.


## 4. Die Geschäftsordnung

Die Gemeinden sind verpflichtet, ihre inneren Angelegenheiten, insbesondere den Ablauf ihrer Sitzungen, durch eine Geschäftsordnung zu regeln. Dies ist notwendig, da die Vorschriften der Gemeindeordnung sich auf Grundsätze beschränken und deshalb nicht ausreichen, die lokalen Abläufe für alle Fälle zu regeln. Die Steuerung einer Sitzung wird durch diese *Rangfolge* bestimmt:

a) Die gesetzlichen Vorschriften der Gemeindeordnung,
b) die Regelungen der Hauptsatzung,
c) die Geschäftsordnung der Gemeindevertretung,
d) Einzelbeschlüsse der Gemeindevertretung,

e) allgemeine ungeschriebene Regeln nach parlamentarischem Brauch.

Steht der Antrag einer Fraktion zum Bau eines Fahrradweges auf der Tagesordnung, so wären z. B. die gesetzlichen Vorschriften dahingehend zu überprüfen, ob jemand *befangen* ist, weil dafür benötigte Grundstücke sich in seinem Familienbesitz befinden. Des weiteren könnte eine Regelung der Hauptsatzung zutreffen, daß derartige Anträge vorher in einem Ausschuß zu beraten sind. Mit einem *Geschäftsordnungsantrag* kann die Verwaltung gebeten werden, darüber Auskunft zu geben, ob ein derartiger Antrag nicht bereits in der vorherigen Wahlperiode gestellt wurde usw.

Der Begriff „Geschäftsordnung" bezeichnet *im engeren Sinne* die geschriebene Geschäftsordnung, die von der Gemeindevertretung beschlossen wird. *Im weiteren Sinne* umfaßt er alle die Wortmeldungen, Anträge und Ausführungen „zur Geschäftsordnung", die während einer Sitzung auf die verfahrensmäßige Behandlung einer Angelegenheit abzielen. Die geschriebene Geschäftsordnung umfaßt demokratische Spielregeln für den Konfliktfall. Sie soll die Sitzungen dadurch vereinfachen, daß sie durch generelle Regelungen lange Diskussionen über Einzelheiten des Ablaufs überflüssig macht. Die Geschäftsordnung kann beispielsweise folgende *Inhalte* regeln:

– Zeitraum, innerhalb dessen die Gemeindevertretung zusammentreten muß,
– Regelungen für die Vorbereitung und den Ablauf von Sitzungen sowie die Beratung von Anträgen,
– Regelungen zur Fraktionsbildung,
– Form und Frist für Anträge von Fraktionen und Mitgliedern,
– Form von Wahlen,
– Geschäftsführung der Ausschüsse,
– Festlegung öffentlicher und nichtöffentlicher Teile von Sitzungen,
– Regelungen zur Öffentlichkeitsarbeit,
– Handhabung von Ordnungsmaßnahmen usw.

## 5. Sitzungsarbeit mit Durchblick

Von der richtigen Durchführung der Sitzungen hängt nicht nur die rasche und reibungslose Abwicklung der Tagesordnung ab, sondern sehr oft auch das Abwägen in Sachentscheidungen. Deshalb ist es nicht nur für den Vorsitzenden, sondern auch für die Gemeindevertreter wichtig, die für ihre Sitzungen geltenden Vorschriften und Regeln zu kennen und zu beherrschen.

## Einberufung der Gemeindevertretung

Die Gemeindevertretung kann nur in einer ordnungsgemäß einberufenen Sitzung beraten und beschließen. Das Recht auf Einberufung zu einer Sitzung steht ausschließlich dem Vorsitzenden zu, in seinem Verhinderungsfall seinem Stellvertreter. Hat er mehrere Stellvertreter, so ergibt sich dies aus der festgelegten Reihenfolge. Die Kommunalvertretung soll wenigstens alle 2 Monate einberufen werden und im übrigen zusammentreten, so oft es die Geschäftslage erfordert. Eine Sitzung *muß* einberufen werden

- nach Neuwahlen,
- wenn eine (in der Gemeindeordnung festgelegte) Anzahl von Mitgliedern bzw. – wie in Nordrhein-Westfalen – eine Fraktion es unter Angabe der Tagesordnungspunkte verlangt,
- wenn – wie in Bayern oder Baden-Württemberg – eine Bürgerversammlung eine Empfehlung verabschiedet hat, über die der Gemeinderat zu befinden hat.

Kommt der Vorsitzende seiner Verpflichtung zur Einberufung nicht nach, so veranlaßt die Aufsichtsbehörde die Einberufung.

Die Ladungsfrist, die Form der Einberufung und die Geschäftsführung der Gemeindevertretung sind in der *Geschäftsordnung* zu regeln. Wichtig dabei ist, daß die Einberufung für jede Sitzung *schriftlich* erfolgen muß. In besonderen Fällen gibt es verkürzte Ladefristen. Mit der Einberufung werden neben der *Tagesordnung* regelmäßig die weiteren *Unterlagen* übersandt, die für die Beratung erforderlich sind. Die Mitglieder der Gemeindevertretung haben die Einladung dann erhalten, wenn sie innerhalb der Ladungsfrist zugegangen, also in ihren Verfügungsbereich gelangt ist.

## Eröffnung, Leitung, Ordnung und Beendigung

Ist zum Sitzungsbeginn die zur Beschlußfassung notwendige Anzahl von Mitgliedern erschienen, so stellt der Vorsitzende fest, daß die Sitzung ordnungsgemäß einberufen wurde und die Gemeindevertretung *beschlußfähig* ist. Damit eröffnet er die Sitzung. Die Tagesordnung gilt als gebilligt, falls gegen sie auf eine entsprechende Frage des Vorsitzenden keine Einwendungen erhoben werden.

Zur Sitzungsleitung gehören neben der Eröffnung auch die Schließung der Sitzung. Dies sollte durch eine formelle Feststellung erfolgen, wobei allerdings die Unterlassung keine unmittelbar rechtlichen Folgen erfährt. Da nach Beginn der Sitzung grundsätzlich die Gemeindevertretung Herr des Verfahrens ist, kann sie auch durch einen Geschäftsordnungsbeschluß den *Schluß der Sitzung* vorzeitig herbeiführen. Schließt der Vorsitzende vorzeitig die Sitzung, so ist dies rechtskräftig, und auch sein Stellvertreter kann die Sitzung nicht weiterführen. Der Gemeindevertretung bliebe nichts weiter übrig, als in einem Kommunalverfassungsstreitverfahren feststellen zu lassen, daß die Handlungsweise des Vorsitzenden rechtswidrig war.

Allerdings hätte dieser richtig gehandelt, wenn der ordnungsgemäße Ablauf der Sitzung durch nachhaltige Störungen nicht gewährleistet gewesen wäre. Aufgabe des Vorsitzenden ist es, in der Reihenfolge der Meldungen den Vertretungsmitgliedern das Wort zu erteilen, Anträge entgegenzunehmen und sie zur Abstimmung zu stellen. Auch der Vorsitzende ist an die Geschäftsordnung gebunden und verfügt über keine besondere Auslegungskompetenz. Zur entscheidungsorientierten Sitzungsleitung trägt nicht die Unsitte mancher Vorsitzenden bei, zu den Wortmeldungen persönliche Wertungen abzugeben. Die Sitzung kann dadurch vorangebracht werden, daß *Gemeinsamkeiten* unterschiedlicher Positionen aufgezeigt werden und *Verfahrensvorschläge* die Diskussion straffen.

Ist kein Konsens zu erreichen, so sollte ein *Mehrheitsbe-schluß entscheiden*. Werden die Beratungen gestört, so ist der Vorsitzende dafür verantwortlich, das Ordnungsrecht anzuwenden. Allerdings sollte der Grundsatz der Verhältnismäßigkeit gelten. Dies bedeutet, daß ein störender Zuhörer oder ein entsprechendes Mitglied der Vertretung zunächst zur Ordnung gerufen wird. Erst im Wiederholungsfall oder bei Beleidigungen von Anwesenden dürfte die Verweisung aus dem Sitzungssaal gerechtfertigt sein. Zwischenrufe von Ratsmitgliedern werden jedoch grundsätzlich nicht geahndet, wenn sie keinen beleidigenden Inhalt haben.

Spricht ein Mitglied trotz Ermahnung weiterhin nicht zur Sache und hat es bereits einen Ordnungsruf erhalten, so kann ihm der Vorsitzende das Wort entziehen. Ordnungsmaßnahmen werden in der Geschäftsordnung festgelegt und können nicht eigenmächtig vom Vorsitzenden verhängt werden.

## Die Tagesordnung

Die Tagesordnung wird vom Vorsitzenden aufgestellt. Hat jedoch die Gemeindevertretung bereits einen Tagesordnungspunkt beschlossen oder liegt der Antrag einer Fraktion oder einer qualifizierten Anzahl von Vertretungsmitgliedern vor, so ist diese Angelegenheit auf die Tagesordnung zu setzen. Eine Pflicht zur Aufnahme von Tagesordnungspunkten ergibt sich aus einem Einwohnerantrag und aus einem eventuellen Verlangen der Rechtsaufsichtsbehörde. In der Geschäftsordnung kann festgelegt werden, daß Fraktionen grundsätzlich ein Antragsrecht zur Tagesordnung haben.

## Öffentlichkeit der Sitzungen

Die Sitzungen der Gemeindevertretung sind öffentlich und auch öffentlich bekanntzumachen. Damit soll den Einwohnern die Gelegenheit gegeben werden, an den Sitzungen teilzunehmen oder zumindest an den Beratungsgegenständen, die von persönlichem Interesse sind. Die Form der öffentlichen Bekanntmachung wird in der Hauptsatzung festgelegt. *Unterbleibt* die öffentliche Bekanntmachung, so ist dies ein wesentlicher Verfahrensfehler mit der Folge der Unwirksamkeit der Beschlüsse. Die im öffentlichen Interesse eingeräumte Sitzungsöffentlichkeit muß allerdings eingeschränkt werden, wenn dies berechtigte Interessen einzelner oder das öffentliche Wohl erfordern.

In *nichtöffentlicher Sitzung* sind vor allem zu behandeln Personal-, Sozialhilfe-, Grundstücks-, Kredit- und Steuerangelegenheiten sowie einzelstatistische Daten von Personen. Öffentlich zu verhandeln sind jedoch Vergaben und Bausachen, insbesondere dann, wenn es sich um das Einvernehmen nach dem Baugesetzbuch handelt.

## Beschlußfähigkeit

Eine Sitzung kann erst dann eröffnet werden, wenn die Vertretung beschlußfähig ist. Dies bedeutet, daß *mindestens die Hälfte* der stimmberechtigten Mitglieder anwesend ist. Das Gemeindeparlament muß während der gesamten Sitzung, also auch während der Beratung und nicht nur bei der Abstimmung über einzelne Tagesordnungspunkte, beschlußfähig sein. Dabei dürfte die Auffassung zutreffend sein, daß alle Mitglieder als anwesend zu betrachten sind, egal, wo sie sich im Sitzungssaal aufhalten. Es ist Aufgabe des Vorsitzenden, ggf. eine Beschlußunfähigkeit festzustellen. Einzelne Mitglieder können jedoch bei Zweifeln die Feststellung der Beschlußfähigkeit durch den Vorsitzenden beantragen.

Wird die Beschlußunfähigkeit festgestellt, so gilt dies nur für den zukünftigen Sitzungsteil. Bereits gefaßte Beschlüsse bleiben davon unberührt. Allerdings bedeutet es einen Rechtsmißbrauch, wenn bei offenkundiger Beschlußunfähigkeit eine Minderheit die Sitzung fortführt. Eine Beschlußunfähigkeit kann sowohl durch *Abwesenheit* als auch durch *Befangenheit* von Mitgliedern gegeben sein. Ist dies der Fall, so wird zu einer zweiten Sitzung eingeladen, wobei vermerkt werden muß, daß dann unabhängig von der Zahl der Anwesenden entschieden wird.

# Beratung

Die Beratung (Diskussion, Aussprache) dient der Meinungsbildung und ist eine der wichtigsten Aufgaben der Gemeindevertretung. Wichtige Entscheidungen sollen durch Argument und Gegenargument vorbereitet werden. Insbesondere Anträge über komplexe Problemlösungsversuche setzen einen *Lernprozeß* voraus, der nicht durch formale Erklärungen abgeblockt werden sollte. Eine Beratung läßt sich rechtlich allerdings nicht erzwingen. Eine gewisse *Beratungspflicht* besteht jedoch bei Minderheitsanträgen und beim Widerspruch des Bürgermeisters gegen Beschlüsse, wo zumindest ohne die Anhörung der Betroffenen nicht zur Tagesordnung übergegangen werden darf. Tagesordnungspunkte beginnen in der Regel mit einem *Sachvortrag* durch die Verwaltung oder den Antragsteller, bevor in die Aussprache eingetreten wird.

Mit der Beratung aller kommunalpolitischen Angelegenheiten wäre jedoch das Gemeindeparlament arbeitsmäßig überfordert. Daher werden gerade wichtige Angelegenheiten in *Ausschüssen* (oft mehrfach) vorberaten. Je wichtiger lokale Entscheidungsprozesse sind, desto stärker werden derartige Entscheidungen in Arbeitskreisen, Ausschüssen, inoffiziellen Vorberatungen und mehrfachen Fraktionssitzungen *festgezurrt*. Sitzungen der Gemeindevertretungen sind dann regelmäßig für die anwesenden Bürger unbefriedigend, wenn als Ergebnis eines langen Diskussionsprozesses in der abschließenden Sitzung nur noch die Positionen der jeweiligen Fraktionen verkündet werden.

Da die Verwaltung die Entscheidungsprozesse durch Vorlagen vorbereitet und die Kommunalvertreter durch ihr begrenztes Arbeitspensum ohnehin stark auf die Verwaltung fixiert sind, läßt sich die Gemeindevertretung häufig in die Richtung eines *„Ratifikationsorgans"* für die Verwaltungsentscheidungen drängen. Dies hängt auch damit zusammen, daß die Spitzen der Fraktionen durch intensive Kommunikation mit der Verwaltungsführung so auf die Verwaltungsmeinung eingeschworen werden, daß sie in der Regel deren Sichtweise akzeptieren, zumal deren Informationsstand meistens besser ist.

Die Qualität der *Fraktionsanträge* läßt sich daran ablesen, ob es sich hierbei um „Bagatellanträge" handelt oder ob innovative Problemlösungen angestrebt werden. Die Qualität der Beratung wird auch dadurch verbessert, daß über die kommunalpolitischen Organisationen der Parteien *Argumentationshilfen* zur Verfügung gestellt werden und *fachliche Unterstützung* insgesamt von außerhalb mobilisiert wird (Partei, Verbände, Bürgerinitiativen). Schließlich kommt es auch darauf an, ob die Fachpolitiker vor diesem Hintergrund Unterstützung in der lokalen Öffentlichkeit finden, um innerhalb der Fraktion und der Gemeindevertretung Veränderungen durchsetzen zu können (z. B. Energiepolitik, Abfallbeseitigung).

## Abstimmungen

Entscheidungen der Gemeindevertretungen können nur in Form von gemeinsamen Beschlüssen ergehen. Willensbekundungen einzelner haben für sie keine rechtliche Wirkung. Beschlüsse sind entweder Sach- oder Verfahrensentscheidungen. Auch bloße Stellungnahmen, z. B. über Gutachten, werden in Form der Beschlußfassung abgegeben. Beschlußvorschläge müssen so formuliert sein, daß eine Antwort darauf mit *Ja* oder *Nein* möglich ist und ein *Handlungsauftrag* daraus abgeleitet werden kann.

Beschlüsse setzen Tätigwerden voraus, sie können nicht durch Stillschweigen entstehen. Begründungen sind für Anträge üblich, in der Regel jedoch nicht Teil des Beschlusses selbst. Über *Geschäftsordnungsanträge* wird schon während der Beratung entschieden, über *Sachanträge* nach Abschluß der Beratung. Trifft ein Beschlußvorschlag auf eine *Stimmengleichheit*, so ist der Antrag abgelehnt. Hier ist manchmal Formulierungskunst gefragt oder die Reihenfolge der Abstimmung entscheidend. Bei mehreren *Sachanträgen* gilt folgende *Reihenfolge*:

a) Bei Anträgen, die sich inhaltlich nicht berühren oder widersprechen, sollte der zeitlich früher gestellte Antrag vorgehen.

b) Nebenanträge oder Zusatzanträge werden in der Regel vor dem Hauptantrag zur Abstimmung gestellt.

c) Im übrigen wird über den weitergehenden Antrag zuerst abgestimmt. Als weitergehend kann die größere Veränderung gegenüber dem bisher bestehenden Zustand gelten oder die Höhe der Finanzauswirkungen usw. Hier besteht ein Ermessensspielraum des Vorsitzenden, falls nicht die Gemeindevertretung entscheidet.

## Wahlen

Bei Wahlen besteht eine Auswahlmöglichkeit zwischen Personen. Wenn es nur um die Entscheidung über eine Person geht, handelt es sich um einen Beschluß, so z. B. bei der Wiederwahl des Gemeindedirektors. Auch die Wahl von Ratsmitgliedern in die Ausschüsse ist keine echte Wahl, sondern bestimmt nur die Zusammensetzung der Ausschüsse, da die Anzahl für jede Fraktion vorgegeben ist. Die Gemeindeordnungen bestimmen jeweils, wann Wahlen durch *offene Abstimmung* vollzogen oder *geheim* durchgeführt werden müssen. Auf jeden Fall muß geheim, d. h. mit Stimmzetteln abgestimmt werden, wenn *ein* Mitglied der Gemeindevertretung der offenen Wahl widerspricht.

Gewählt ist, wer mehr als die Hälfte der gültig abgegebenen Stimmen erhält. Erreicht niemand im ersten Wahlgang mehr als die Hälfte der gültig abgegebenen Stimmen, so findet eine Stichwahl statt. Bei Stimmengleichheit im zweiten Wahlgang entscheidet das Los.

## Protokoll

Über Beschlüsse und Wahlen muß eine Niederschrift angefertigt werden. Verlangt wird nur ein Beschlußprotokoll, nicht jedoch ein Wortprotokoll. Um später wichtige Wortbeiträge belegen zu können, besteht die Möglichkeit, sie „zu Protokoll" zu geben, d. h. ins Protokoll aufnehmen zu lassen. Es bleibt der Gemeindevertretung jedoch unbenommen, die Anfertigung eines Verhandlungsprotokolls zu beschließen, in dem auch Wortbeiträge festgehalten werden. Das Protokoll muß vom Vorsitzenden und einer weiteren von der Vertretung bestimmten Person sowie dem Schriftführer *unterzeichnet* werden. Es ist von der Vertretung zu *genehmigen*. Rechtmäßig gefaßte Beschlüsse sind bindend, auch wenn die Niederschrift fehlerhaft gefaßt wurde.

## 6. Die Beratung in den Ausschüssen

Die Beratung aller kommunalpolitischen Angelegenheiten würde die Gemeindevertretung arbeitsmäßig überfordern. Aus diesem Grund können Ausschüsse gebildet werden, um eine parlamentarische Arbeitsteilung zu erreichen. Dabei können zwei Aufgaben voneinander unterschieden werden.

Zum einen sollen Ausschüsse Entscheidungen der Gemeindevertretungen *vorberaten* und ihr Empfehlungen zur Beschlußfassung aussprechen. Zum anderen können Ausschüsse bei Angelegenheiten entscheidungsbefugt sein, die ihnen zur Entscheidung von der Gemeindevertretung übertragen worden sind oder ihnen kraft Gesetzes zustehen. Die Ausschußarbeit bedeutet zunächst eine *Spezialisierung* der kommunalpolitischen Tätigkeiten. Damit verbunden ist die Gefahr einer Begrenzung der Sichtweisen auf den fachspezifischen Sachverstand. Im Laufe der Wahlperiode verfestigt sich normalerweise die Beziehung zwischen Fachamt, den Interessenorganisationen und dem Fachausschuß. Die Einbindung der einzelnen Fachausschüsse in das gesamte politische Umfeld ist *Aufgabe der Fraktionen*.

---

Es gibt
- Pflichtausschüsse nach der Gemeindeordnung,
- Pflichtausschüsse nach Sondergesetzen,
- freiwillige Ausschüsse.

---

*Pflichtausschüsse* nach den jeweiligen Gemeindeordnungen müssen in jeder Gemeinde gebildet werden. In Nordrhein-Westfalen sind dies z. B. der Hauptausschuß, der Finanzausschuß und der Rechnungsprüfungsausschuß.

Die *Pflichtausschüsse nach Sondergesetzen* können wiederum eingeteilt werden in Ausschüsse des Rates und solche, die keine Ratsausschüsse sind. Beispiele für die erste Kategorie sind der Schulausschuß, der Krankenhausausschuß, der Werksausschuß. Keine Ratsausschüsse sind z. B. der Umlegungsausschuß und der Gutachterausschuß nach dem Baugesetzbuch oder der Verwaltungsrat der Sparkasse.

Neben den Pflichtausschüssen kann die Gemeindevertretung darüber befinden, wieviel weitere *freiwillige Ausschüsse* eingerichtet werden sollen. Da eine zu große Anzahl von Ausschüssen einer wirkungsvollen Arbeit eher abträglich ist, sollte genau überlegt werden, welche Ausschüsse zur Arbeitserleichterung der Gemeindevertretung tatsächlich notwendig sind. Gesetzlich ist die Gemeindevertretung frei, die Arbeit verschiedener Ausschüsse zu bündeln und für besonders wichtige Angelegenheiten *neue Ausschüsse* zu bilden.

*Die Bildung von Ausschüssen* wird durch gesetzliche Vorschriften und lokale Traditionen (etwa die Ausschußstruktur in der vorherigen Wahlperiode) weitgehend vorgeprägt.

Die Konstituierung der Ausschüsse vollzieht sich in mehreren Schritten. Zunächst muß die Gemeindevertretung festlegen, *welche Ausschüsse* sie neben den Pflichtausschüssen bilden will. Ein Mehrheitsbeschluß ist dabei ausreichend.

In einem zweiten Schritt wird die *Zahl der Ausschußmitglieder* festgelegt. Üblicherweise wird eine ungerade Zahl gewählt, um Pattsituationen zu vermeiden. Die Zahl der Mitglieder kann sich von Ausschuß zu Ausschuß ändern. Sind Fraktionen nicht mit stimmberechtigten Migliedern in einem Ausschuß vertreten, so geben ihnen manche Gemeindeordnungen das Recht, beratende Ausschußmitglieder zu benennen. Da wesentliche Entscheidungen der Gemeindevertretung vorbehalten sind, können auch kleine Fraktionen, die nicht in allen Ausschüssen beteiligt sind, an allen wesentlichen Entscheidungen teilnehmen.

Bei der Besetzung der Ausschüsse mit *sachkundigen Bürgern* bzw. sachkundigen Einwohnern ist darauf zu achten, daß die Zahl der gewählten Gemeindevertreter stets in der Mehrheit bleibt. Ständige Fachberater können einem Ausschuß nur nach den Bestimmungen der Gemeindeordnung angehören. Es ist jedoch jederzeit möglich, auf Wunsch der Mehrheit des Ausschusses zu einzelnen Themen *Experten* zur Beratung hinzuzuziehen.

Den *Vorsitz im Ausschuß* legen die Gemeindeordnungen sehr unterschiedlich fest. Während in Baden-Württemberg der hauptamtliche Bürgermeister Vorsitzender aller Ausschüsse sein kann, kennen andere Gemeindeordnungen solche Privilegien nicht. Für die Zuteilung von Ausschußvorsitzen auf Fraktionen wird entweder eine Verhältniswahl (Listenwahl, s. Kapitel XII) mit anschließendem „Zugriffsverfahren" durchgeführt, oder die Gemeindevertretung einigt sich *einstimmig* auf einen gemeinsamen Wahlvorschlag. Beim „Zugriffsverfahren" bestimmt das Ergebnis die Reihenfolge, in der eine Fraktion sich unter den noch nicht ausgewählten, d. h. „gegriffenen" Ausschüssen den Vorsitz sichern darf.

Für die Ausschußarbeit gelten dieselben Bestimmungen der Geschäftsordnung wie für die Gemeindevertretung. Dort, wo ein *Hauptausschuß* existiert, koordiniert er zur Vorbereitung der Ratsitzung die Arbeit aller Ausschüsse.

## 7. Selbstbeschränkung für mehr Wirksamkeit

Kommunalpolitik ist neben der Arbeit an politischen Grundsatzentscheidungen eben auch Verwaltungstätigkeit. Die Gemeindevertretung begleitet die Durchsetzung ihrer eigenen Beschlüsse mit einer Fülle von einzelnen Fragen und Einzelfallentscheidungen. Angesichts der Fülle von Entscheidungen und dem begrenzten Zeitbudget von ehrenamtlichen Kommunalpolitikern besteht ein schier unlösbares *Informationsproblem*, das zur *Überlastung* der Mandatsträger führt. Die Gemeindevertretung als oberstes Organ der Gemeinde kann sich aus diesem Dilemma nur lösen, wenn sie sich auf ihre eigentliche Aufgabe konzentriert, die *große Linie* der Stadtentwicklung zu entwerfen und durchzusetzen. Je größer die Stadt ist, desto mehr muß sich der Rat auf die bedeutsameren Grundlagenentscheidungen zurückziehen. Wer lange über den Kauf eines Pkws diskutiert (wobei alle als Experten kräftig mitreden können), der hat hinterher wenig Zeit, über die 5-Millionen-Vorlage zu argumentieren. Die Selbstbeschränkung auf die wichtigen Entscheidungen erfordert,

a) daß die Fraktionen darüber befinden, was für sie wichtig ist, und

b) daß den Mandatsträgern eine selbstbewußte, verantwortliche Verwaltung gegenübersteht, die dem Rat nicht eine Fülle untergeordneter Entscheidungen zuschiebt, die sie auch selbst hätte treffen können.

Je mehr Sachverstand in einer Gemeindeverwaltung vorhanden ist, desto mehr Entscheidungskompetenz kann die Gemeindevertretung an die Verwaltung *delegieren*. Nur wenn die Gemeindevertretung nicht ständig in das ureigenste Zuständigkeitsfeld der Verwaltung, die Durchführung von Beschlüssen, eingreift, entgeht sie der Gefahr, sich durch Überforderung arbeitsunfähig zu machen. Erst die *Konzentration auf Grundsatzentscheidungen* erlaubt der Kommunalvertretung eine Führung der Verwaltung in Form einer zielorientierten Mitverwaltung und Kontrolle.

# Kapitel VIII
# Die Arbeit des einzelnen und der Fraktion

## 1. Die Rechte und Pflichten der Mandatsträger

Die kommunalen Vertretungsmitglieder sind ebenso wie die staatlichen Abgeordneten Inhaber eines *freien Mandats*. Sie sind also an keine Weisungen gebunden. Jedoch unterscheiden sie sich von den staatlichen Abgeordneten dadurch, daß sie *keine* Haftungs- und Strafverfolgungsfreiheit besitzen.

## Was sollen die Gemeindevertreter leisten?

Aufgabe der Vertretungsmitglieder ist die Mitwirkung am kommunalen Willensbildungsprozeß und die Förderung lokaler Demokratie. Die gewählten Mandatsträger sollen die Bürger und Bürgerinnen ihres *Wahlkreises vertreten*. Sie richten daher Anträge, die den Wahlkreis betreffen, entweder direkt an die Verwaltung oder indirekt über ihre Fraktion an die Gemeindevertretung und ihre Ausschüsse. Sie halten Kontakt zu Meinungsführern und Gruppierungen im Wahlkreis und geben Hilfe im Einzelfall. Anläßlich des Besuches in Vereinen oder bei Veranstaltungen *berichten* sie über die kommunale Arbeit. Der Kontakt zur Bevölkerung durch Interessenvertretung und Öffentlichkeitsarbeit fördert die Akzeptanz lokaler Entscheidungsprozesse.

Die interne Aufgabenerledigung erfolgt durch *Mitberatung* in den Gremien und durch die *Mitarbeit* in der jeweiligen Fraktion. Als Voraussetzung für eine inhaltliche Beratung gilt die Vorbereitung auf die Gemeindevertretungsversammlungen durch das *Lesen* von Verwaltungsvorlagen zu den Tagesordnungspunkten. Erwartet wird eine Förderung der Aussprache durch *Beiträge*, die auf einen Beschluß zur Problemlösung zielen. Die *Mitarbeit* in der Fraktion erfolgt durch arbeitsteilige Organisationsarbeit und durch aktive Unterstützung der Programmarbeit, z. B. durch Mitwirkung in Arbeitskreisen zur Entwicklung von Konzepten.

## Die Rechte der Vertretungsmitglieder

Während *einzelnutzbare Rechte* jedes Mitglied für sich allein in Anspruch nehmen kann, gibt es auch Rechte, welche die Vertretungsmitglieder nur in einer Gruppe ausnutzen können, deren zahlenmäßige Stärke die Gemeindeordnung jeweils bestimmt.

Zu den einzelnutzbaren Rechten gehört das Recht, an Vertretungs- und Ausschußsitzungen teilzunehmen. Hierbei besteht die Berechtigung darin, sich zu Wort zu melden, mitzuberaten und abzustimmen, soweit nicht Befangenheit einen Ausschließungsgrund darstellt. Die Ausformung dieser *Mitwirkungsrechte* wird in einer von der Gemeindevertretung zu erlassenden Geschäftsordnung näher geregelt. Bei *Wahlen* kann das Gemeindevertretungsmitglied einzeln der offenen Wahl widersprechen, so daß geheim (mit Stimmzetteln) abzustimmen ist. Auch können Vertretungsmitglieder als Zuhörer an den nichtöffentlichen Sitzungen der Ausschüsse, denen sie nicht angehören, teilnehmen. Allerdings entsteht dadurch kein Anspruch auf Verdienstausfall oder auf Zahlung von Sitzungsgeld.

Wird ein Antrag eines dem Ausschuß nicht angehörenden Mitgliedes behandelt, so kann z. B. nach der Gemeindeordnung in NRW dieses Ratsmitglied sich als Antragsteller an der Beratung, nicht aber an der Beschlußfassung beteiligen.

Die Vertretungsmitglieder haben ein Recht auf *Aufwandsentschädigung*. Ihre Höhe ist in der Hauptsatzung festzusetzen und richtet sich nach den Entschädigungsordnungen des Landes. Die ehrenamtlichen Bürgermeister und die Fraktionsvorsitzenden erhalten eine zusätzliche Aufwandsentschädigung. Auch für Fraktionssitzungen kann ein Sitzungsgeld gezahlt werden, dabei muß jedoch die Anzahl der Sitzungen mit geldlichen Zahlungen begrenzt werden. Zu den individuellen Rechten gehört auch der Anspruch auf *Freistellung* aus einem Beschäftigungsverhältnis sowie das Recht auf Ersatz des *Verdienstausfalles* an den Arbeitgeber bzw. an den Selbständigen selbst. Bei Hausfrauen gibt es einen festgesetzten Stundensatz. Wird statt einer Pauschalentschädigung ein Sitzungsgeld gezahlt, so besteht auch ein Recht auf den Auslagenersatz für Fahrtkosten. Für genehmigte *Dienstreisen* als Vertretungsmitglied gibt es eine Reisekostenvergütung. Schließlich bleibt noch das Recht auf eine *ungestörte Mandatsausübung* zu erwähnen, das verhindern soll, daß eine Entlassung oder Kündigung aus Gründen der Mandatsbewerbung oder -ausübung erfolgt. Für diejenigen, die in einem Arbeitsverhältnis stehen, kennen die meisten Gemeindeordnungen auch die Schutzfunktion, daß den Gemeindevertretern die für ihre Tätigkeit erforderliche *freie Zeit* zu gewähren ist.

Zu den *gemeinschaftlich nutzbaren Rechten* gehört vor allem das *Recht auf Fraktionsbildung*. Dies ist insbesondere für die Besetzung der Ausschüsse wichtig. Den Fraktionen kann die Gemeinde aber auch eine Zuwendung zu den Geschäftsführungsaufgaben gewähren.

Das Recht auf *Einberufung* der Gemeindevertretung ist in der Regel an eine festgelegte Anzahl von Mitgliedern gebunden. Dies gilt ebenso für die Bestimmung von *Tagesordnungspunkten*. Zu den gemeinschaftlich nutzbaren Rechten gehört auch das *Akteneinsichtsrecht* mit dem Ziel, die Verwaltung zu kontrollieren. Ein Recht auf zusätzliche Information kann gemeinschaftlich vom Leiter der Verwaltung verlangt werden, damit dieser zu einem Tagesordnungspunkt während einer Sitzung Stellung nimmt. Wenn sich ein Vertretungsmitglied in seinen Mitgliedschaftsrechten beeinträchtigt glaubt, so kann es seinen Rechtsschutz durch ein sogenanntes *Kommunalverfassungsstreitverfahren* erwirken. Es handelt sich dabei dann um die gerichtliche Überprüfung der Anwendung der Gemeindeordnung.

## Die Pflichten der Ratsmitglieder

Aus dem besonderen Verhältnis der Vertretungsmitglieder zur Gemeinde ergeben sich auch besondere Pflichten, so z. B. eine allgemeine *Treuepflicht*. Danach sind die Vertretungsmitglieder verpflichtet, in ihrer Tätigkeit ausschließlich nach dem Gesetz und ihrer freien Überzeugung zu handeln. Gleichzeitig sollen sie sich am öffentlichen Wohl orientieren, d. h. eigene Interessen hintanstellen.

Im Rahmen ihrer Arbeit erhalten die Mandatsträger Kenntnisse über personenbezogene Daten oder über Angelegenheiten, die aufgrund ihrer finanziellen Bedeutung schutzwürdig sind. Deshalb dürfen sie die Kenntnis vertraulicher Unterlagen nicht unbefugt verwerten und müssen auch nach der Beendigung ihrer Tätigkeit über diese Angelegenheiten Verschwiegenheit bewahren. Ihrer Natur nach geheim sind Angelegenheiten im allgemeinen immer dann, wenn ihre Mitteilung an Dritte gegen die berechtigten Interessen einzelner oder gegen das Wohl der Gemeinde verstoßen würde. Diese *Verschwiegenheitspflicht* gilt auch gegenüber den Gerichten. Soll ein Mandatsträger als Zeuge aussagen, so bedarf es dazu einer Genehmigung der Gemeindevertretung. Allerdings darf diese Genehmigung nur versagt werden, wenn die Aussage dem Wohl des Landes schaden oder die öffentliche Aufgabenerfüllung ernstlich gefährden könnte. In der Praxis wird gegen die Verschwiegenheitspflicht häufig bei den Fraktionssitzungen, an denen auch Nicht-Ratsmitglieder (z. B. Mitglieder des entsprechenden örtlichen Parteivorstandes) teilnehmen, verstoßen.

Sachkundige Bürger sind auch dann zur Verschwiegenheit verpflichtet, wenn sie Kenntnisse über geheimzuhaltende Angelegenheiten aus Ausschüssen erhalten, denen sie nicht angehören. Die Pflicht zur Verschwiegenheit *endet,* wenn die Tatsachen allgemein bekannt werden, z. B. wenn eine Tageszeitung verläßlich darüber berichtet, also nicht nur spekuliert hat.

## Befangenheit als Mitwirkungsverbot

Niemand soll in Angelegenheiten tätig werden, in denen das öffentliche Interesse an einer Entscheidung mit einem möglicherweise privaten Interesse kollidieren kann. Entscheidungen sollen von individuellen Sonderinteressen freigehalten werden. Das stärkt das Vertrauen in eine unvoreingenommene öffentliche

Verwaltung. Wenn die Entscheidung einer Angelegenheit einem Vertretungs- bzw. Ausschußmitglied einen unmittelbaren Vor- oder Nachteil bringen kann, so ist es von der Beratung und Entscheidung hierüber ausgeschlossen. Der Begriff des Vor- und Nachteils ist weit auszulegen, um jedweden Verdacht einer Korruption von vornherein zu vermeiden. Entscheidend ist auch nicht der Vorteil selbst, sondern bereits die *Möglichkeit* eines Vor- oder Nachteils. Das grundsätzliche Mitwirkungsverbot (Befangenheit) gilt für die Person selbst, seine Angehörigen oder eine von ihm kraft Gesetzes oder kraft Vollmacht vertretene natürliche oder juristische Person (z. B. Verein, Betrieb). Als Angehörige gelten der Ehegatte, Verwandte in gerader Linie (Urgroßeltern bis Urenkelkinder), Geschwister, Ehegatten der Geschwister, Kinder der Geschwister, Schwiegereltern, Schwiegertochter, Schwiegersohn, Geschwister der Ehegatten und durch Annahme als Kind verbundene Personen.

Das Mitwirkungsverbot *gilt nicht*, wenn der Vorteil oder Nachteil nur darauf beruht, daß jemand einer Berufs- oder Bevölkerungsgruppe angehört, deren gemeinsame Interessen berührt werden. So dürfen z. B. Hundehalter an der Hundesteuersatzung und gewerbetreibende Mandatsträger an der Haushaltssatzung mitwirken. Ein Mitwirkungsverbot besteht auch nicht bei Wahlen zu ehrenamtlichen Tätigkeiten. Ratsmitglieder können demnach sich selbst in die Ausschüsse wählen.

Für die Befangenheit besteht eine *Offenbarungspflicht*. Der Mandatsträger muß *unaufgefordert* ein Mitwirkungsverbot anzeigen und auch zum Schutz der Betroffenen auf Ausschließungsgründe anderer Vertretungskollegen hinweisen. Liegt Befangenheit vor, so hat sich die betreffende Person in öffentlicher Sitzung in den Zuhörerraum zu begeben und in nichtöffentlicher Sitzung den Sitzungssaal zu verlassen. In Zweifelsfällen entscheidet die Gemeindevertretung, ob Ausschließungsgründe vorliegen.

Wenn die Gemeinde infolge eines Beschlusses wegen Befangenheit einen Schaden erleidet, so *haften* die Vertretungsmitglieder, die bei der schadensverursachenden Beschlußfassung trotz Mitwirkungsverbot bzw. Kenntnis davon mitgewirkt haben. Hat ein befangenes Mitglied an einem Beschluß mitgewirkt, so ist dies rechtswidrig und muß vom Verwaltungschef als Rechtsaufsicht *beanstandet* werden. Damit darf der Beschluß nicht ausgeführt werden.

## Haftung der Vertretungsmitglieder

Entsteht einer Gemeinde infolge eines Beschlusses der Vertretungskörperschaft ein Schaden, so haften diejenigen, die *vorsätzlich* oder *grob fahrlässig* ihre Pflicht verletzt haben, insbesondere wenn sie
– an dem Beschluß mitgewirkt haben, obwohl sie befangen waren und dies wußten,
– Ausgaben beschlossen haben, ohne daß die erforderlichen Deckungsmittel vorhanden waren.
Es haften nur diejenigen, die für den schadensverursachenden Beschluß gestimmt haben, nicht diejenigen, die dagegen gestimmt oder sich der Stimme enthalten haben.


## 2. Die Arbeit der Fraktionen

Fraktionen sind freiwillige Vereinigungen von Mitgliedern der Gemeindevertretung mit gleicher politischer Grundüberzeugung. Sie organisieren und bündeln die politische Arbeit und wirken bei der Willensbildung und Entscheidungsfindung der Vertretung mit. Dafür erhalten sie Unterstützung durch Haushaltsmittel für die Geschäftsführung, durch Räume und durch Informationen aus der Verwaltung.

Wichtige Anträge und Verwaltungsvorlagen werden oft zuerst in den Fraktionen beraten, bevor sie in den Ausschüssen oder der Gemeindevertretung „parlamentarisch" behandelt werden. Mit der *Politisierung* der Gemeindeebene haben auch die Fraktionen als Zusammenschlüsse von Mandatsträgern mit gemeinsamen politischen Zielvorstellungen eine verstärkte Bedeutung erlangt. Der Grad der Abgrenzung zwischen den Fraktionen hängt in der Regel von der Stärke der jeweiligen sozialen und politischen *Konflikte* in der Stadt ab. Mit der Zulassung der Fraktionsbildung hat der Gesetzgeber die Konsequenz daraus gezogen, daß das einzelne Ratsmitglied nicht in der Lage ist, allein die vielfältigen *Informationen* zu verarbeiten und einzeln wesentlichen Einfluß auf die Entscheidung zu nehmen.

Will eine Fraktion *politisches Gewicht* haben und sich durchsetzen, so muß sie die Meinung ihrer Mitglieder, die Ressortegoismen der Ausschüsse und die unterschiedlichen Stadtteilinteressen in einem gemeinsamen *Willensbildungsprozeß* bündeln. Das hieraus folgende einheitliche Abstimmungsverhalten in den öffentlichen Sitzungen ist für die Bürger oft unverständlich und provoziert Diskussionen über die *„Fraktionsdisziplin"*. Soll die Position der Gemeindevertretung gestärkt werden, so sollten sich die Fraktionen an den folgenden Zielvorstellungen orientieren:

*Die politische Richtliniensetzung* muß eindeutig von den Fraktionen und nicht von der Verwaltung ausgehen. Hierzu ist es notwendig, daß man sich nicht nur an den Verwaltungsvorlagen orientiert oder sich in einer Fülle von Einzelfallentscheidungen verliert. Ermöglicht wird dies durch eine eigenständige *Programmorientierung* der Fraktion. Für die Koordinierung und Zuordnung von Interessen braucht die Fraktion ein Entwicklungsprogramm für die Kommune.

---

Bestandteile eines derartigen Programms sind:
a) Eine Stärken-/Schwächen-*Analyse* der Kommune und eine Diskussion mit Fachleuten und Bürgerschaft über die Entwicklungspotentiale und die Defizite der Stadt.
b) Die Formulierung der *Entwicklungsziele* für die Stadt insgesamt und für einzelne Stadtteile.
c) Das Erstellen einer *Prioritätenliste* für Konzepte, Personal, Investitionen und Entscheidungen.

---

Daraus entsteht ein *„Handlungsprogramm"* als Leitlinie der kommunalpolitischen Entscheidungen. Da die Verwirklichung kommunaler Anliegen oft Jahre dauert (und von öffentlichen

Zuschußgebern, privaten Grundstücksbesitzern usw. abhängig ist), sollten die Schwerpunkte der Arbeit auch entsprechend *langfristig geplant* werden. Das verhindert Enttäuschungen am Ende der Legislaturperiode.

In den Fraktionsberatungen kommt es darauf an, sich auf die politisch bedeutsamen *Entscheidungen* zu konzentrieren und hierfür ein gemeinsames Vorgehen abzustimmen. Im *Konflikt-fall* beauftragt die Fraktion die Kontrahenten, den Facharbeitskreis oder einzelne, die *Pro-* und *Contra-Argumente* deutlich herauszuarbeiten und einen *Beschlußvorschlag* vorzulegen. Die *Anschaulichkeit* von Problemauseinandersetzungen steigt mit ihrer visuellen Darstellung (Schaubilder, Reihenfolge der Argumente, Pläne usw.).

Der *Fraktionsvorsitzende koordiniert* in den Fraktionssitzungen die einheitliche Arbeit der Fraktion. Er achtet auf die Präsenz in der Vertretung, in den Ausschüssen sowie bei öffentlichen kommunalen Veranstaltungen. Er hält Kontakt zum Bürgermeister, zu den anderen Fraktionen und zur örtlichen Presse. Er achtet auf die gedankliche Übereinstimmung von Fraktion und Partei. In der Arbeit erhält der Fraktionsvorsitzende Unterstützung durch einen *Fraktionsvorstand*, der arbeitsteilig Aufgaben übernimmt (Pressearbeit, Protokolle, Kontrolle der eigenen Fraktionsanträge usw.).

Wichtig dabei ist, daß die Fraktion durch ihre *Öffentlichkeitsarbeit* Antwort gibt auf die Fragen: Wie erfährt die Bevölkerung die Positionen der Partei? Wie glaubwürdig ist die Fraktion mit ihrem demokratischen Stil, d. h., wie kann die Bürgerschaft an der Willensbildung mitwirken? Werden kommunale Entscheidungen als administrative Sachzwänge vermittelt oder durch politische Wertentscheidungen begründet (Straßenbau, Abfallwirtschaft usw.)?

Wird der Bevölkerung deutlich gemacht, daß es politische *Meinungsverschiedenheiten* zu kommunalpolitischen Fragen gibt, worin sie begründet liegen und wie sich die einzelnen Parteien zu diesen Konflikten stellen? Gibt also die Fraktion den Bürgern die Chance, zwischen Handlungsalternativen zu wählen?

Politische Zurückhaltung und praktische Unscheinbarkeit bei den zentralen Themen einer Legislaturperiode können auch durch einen guten Wahlkampf später nicht in eine Erfolgsstory umgedichtet werden.

## 3. Kritik des kommunalen Ehrenamtes

Die Verflechtung der politischen Ebenen, also die Abhängigkeit von den Entscheidungen anderer, führt zu einer *Entpolitisierung* der Arbeit in Gemeinden, Städten und Kreisen. Politischer Gestaltungswille ist nur sehr mühsam durchzusetzen. Gesellschaftlicher Strukturwandel, ökologische und Beschäftigungskrise überfordern das kommunale Ehrenamt. Dem sinkenden Anteil der Fraktionsinitiativen auf den Tagesordnungen der Gemeindevertretungen steht eine wachsende Zahl von Verwaltungsvorlagen gegenüber. Kommunalpolitiker versuchen, sich aus der Fülle der zu verarbeitenden Informationen bei knappem Zeitbudget durch Spezialisierung zu retten. *Spezialisierung* droht aber für die aktiven Mandatsträger zum *Ersatz für gestaltende Politik* zu werden.

Andererseits erwartet der ratsuchende Bürger den umfassend informierten, sachlich kompetenten kommunalen Mandatsträger, der ihm bei der Lösung seiner Probleme hilft.

Der Verflechtung der politischen Ebenen entspricht die Tendenz zu *Doppelmandaten,* die wiederum die Überforderung der Mandatsträger fördern. Ein weiteres Problem für eine bürgernahe lokale Kommunalpolitik bildet die einseitige personelle Zusammensetzung der Vertretungen. Der Anteil der Beschäftigten des öffentlichen Dienstes wächst, während Arbeitnehmer aus der Produktion, aber auch Handwerker und Angehörige der sogenannten freien Berufe recht rar sind. Deshalb kommt der *Auswahl der Kandidaten* für die Gemeindevertretungen durch die Parteien eine besondere Bedeutung zu. Eine größere Beteiligung unterschiedlicher sozialer Schichten und Interessengruppen der Bürgerschaft wird sich aber nur dann durchsetzen lassen, wenn es zu einer einschneidenden Entlastung der Gemeindevertretung kommt.

# Kapitel IX
# Der kommunale Entscheidungsprozeß

## 1. Die Antragsberatung

Am Anfang jedes kommunalen Handelns steht die *Initiative*, ein bestimmtes Problem zum Gegenstand einer politischen Entscheidung zu machen. Eine vage Anregung wird zum konkreten *Antrag*, etwas zu tun. Dabei durchläuft nicht jeder Antrag den gleichen Weg bis zur Entscheidung. Je größer ein gesellschaftliches Problem ist, desto größer ist der Konflikt verschiedener Interessen und desto vielfältiger sind die Versuche, auf den Entscheidungsprozeß *Einfluß* zu nehmen. Oft finden bereits *Filtervorgänge* statt, bevor ein Anliegen zu einem regulären Antrag im Geschäftsgang wird. Zu den Akteuren dieser Filtervorgänge gehören vor allem die sogenannten *„Vorentscheider"*. Auch die bewußte Entscheidung, bestimmte Problemlagen nicht zu Gegenständen politischer Erörterungen zu machen, kann ein Ergebnis dieses Filters sein. So gibt es für manche Gewerbegebiete keinen rechtskräftigen Bebauungsplan, weil dies auch eine Festlegung für ansiedlungswillige Investoren bedeuten würde.

Dort, wo Interessendruck, lokale Problemnähe und örtlicher Sachverstand zusammentreffen, hat eine Anregung besondere Chancen, zu einem formalen Antrag zu werden. Die Initiative hierzu kann entweder aus der täglichen Sacharbeit der Verwaltung stammen, aus Investitionsabsichten, aus bürgerschaftlichen Vereinen und Organisationen, aus der Arbeit der Parteien oder durch Artikel der Presse.

Wird ein Antrag formuliert, so prüft die *Verwaltung* zuerst die Voraussetzungen seiner Realisierung: Ist die Kommune zuständig? Gibt es bereits Beschlüsse oder Vorplanungen in dieser Angelegenheit? Gibt es staatliche Zuschußprogramme? Bevor die Verwaltung eine endgültige Beschlußvorlage erarbeitet, wird

*Abbildung 11:* Darstellung eines Entscheidungsablaufs
(vereinfacht)

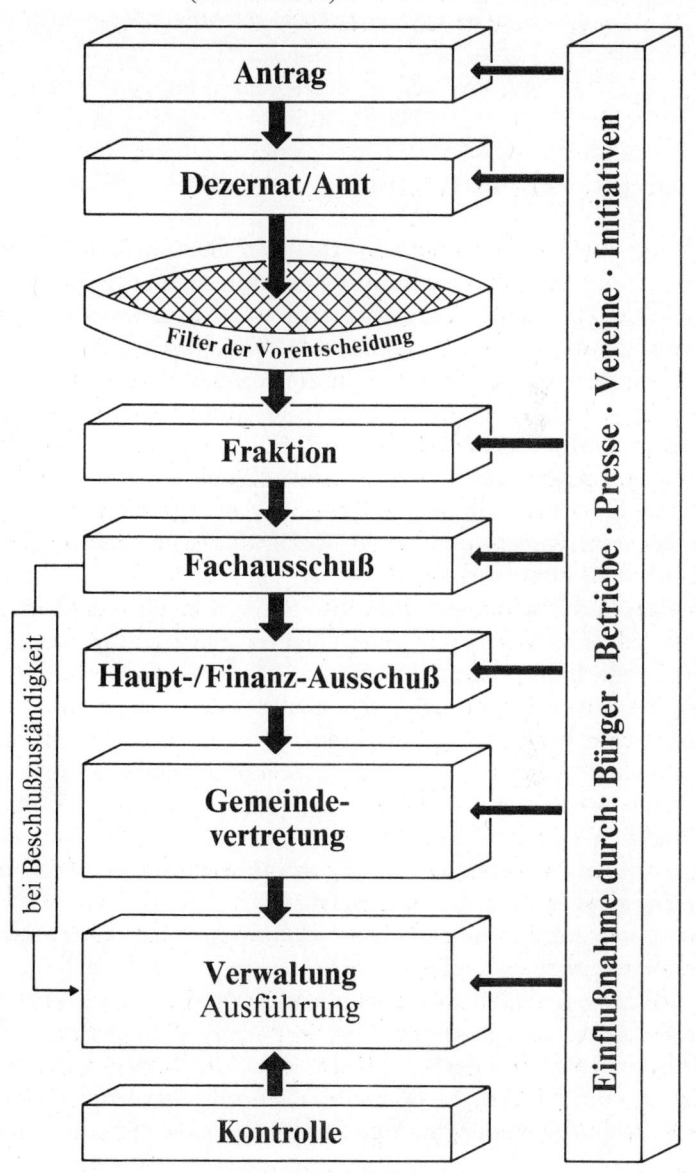

zwischen den Spitzen der Verwaltung und der Gemeindevertretung geklärt, mit welcher Richtung und Intensität ein solcher Antrag weiter verfolgt werden soll. Je nach der Bedeutung des. Gegenstandes erfolgt die weitere *Steuerung*.

Handelt es sich um Routineangelegenheiten, so arbeiten die Ämter mehr oder weniger selbständig. Ist eine politische Auseinandersetzung in der Vertretungskörperschaft zu erwarten, so wird die Vorarbeit der Verwaltung durch die Dezernenten bzw. durch den Verwaltungschef bestimmt. Entscheidungsreife Verwaltungsvorlagen erreichen erst dann die Gemeindevertretung, wenn in einer Reihe von internen Abstimmungen der *Klärungsprozeß* der Verwaltung abgeschlossen ist. Dies ist beim jährlich zu erstellenden Haushaltsplan oder bei brisanten Bebauungsplänen besonders aufwendig und nimmt deshalb viel *Zeit* in Anspruch.

Aufgabe der *Fraktionen* ist es, die Übereinstimmung der jeweiligen Anträge und die Entscheidungstendenz der Verwaltung mit den gültigen Stadtentwicklungsüberlegungen und ihrem eigenen Handlungsprogramm zu überprüfen. Die Fraktion muß beraten und entscheiden, ob die Anträge mit ihrem *politischen Wollen* übereinstimmen. Ebenso muß überlegt werden, ob die zu treffende Einzelfallentscheidung anderen Entwicklungskonzepten zuwiderläuft oder die Prioritätenliste für den Handlungsbedarf unzumutbar verändert. Ist z. B. die Ansiedlung eines Kaufmarktes auf der grünen Wiese *verträglich* mit der Innenstadtentwicklung, der Ökologie, dem Verkehr, dem Umfeld im Stadtteil und den notwendigen Infrastrukturinvestitionen? Schließlich müssen die Kommunalpolitiker auch darüber beraten, wie zumindest die betroffene *Bürgerschaft* in den Willensbildungsprozeß einbezogen werden soll.

Parallel zur Mobilisierung des kommunalpolitischen Sachverstands durch die Beratung im Fachausschuß stellt sich für die Verwaltung die Frage nach der Politikverflechtung des Problems. Inwieweit ist eine Rückkopplung mit übergeordneten *Fachbehörden* notwendig oder die Einschaltung der Aufsichtsbehörde sinnvoll, um frühzeitige Behördenabstimmungen zu erreichen. Dort, wo ein Hauptausschuß vorhanden ist, spätestens jedoch im

Finanzausschuß, werden die fachorientierten Empfehlungen der einzelnen Ausschüsse gebündelt und zur Entscheidung in der Gemeindevertretung vorbereitet. Handelt es sich um eine wichtige kommunale Angelegenheit, so haben bisher auf den Beratungsprozeß der Gemeindevertretung vielfältige Einflußnahmen stattgefunden. Zu denken wäre z. B. an Kontakte mit Vertretern von Verbänden und Vereinen, Anforderungen von Unternehmen, aber auch ggf. von Bürgerinitiativen oder die Beeinflussung durch Presseberichterstattung.

Sind die politischen Mehrheitsverhältnisse in einer Kommune nicht eindeutig definiert, so sind auch interfraktionelle Absprachen denkbar, die sich dann im Abstimmungsverhalten in der Gemeindevertretung bemerkbar machen.

## 2. Die Vorentscheider

Obwohl bei den Ausschüssen das Schwergewicht der kommunalpolitischen Beratung liegt, gibt es doch bereits vielfach *entscheidungsreife Vorlagen* der Verwaltung, die diesen Beratungen zugrundeliegen. Das ist möglich, weil bereits im Vorfeld der Beratungen eine Abstimmung über Ziele, Festlegungen über Prioritäten und eine Auswahl möglicher Programmalternativen durch die Gruppe der sogenannten *„Vorentscheider"* getroffen wurde.

Zu dieser Gruppe gehören die Spitzen der Verwaltung, die als kommunalpolitische Manager an *frühzeitigen Kontakten* mit ihren Gesprächspartnern in der Vertretungskörperschaft interessiert sind. Ebenso dazu gehören die Spitzen der Gemeindevertretung, insbesondere der Mehrheitsfraktion (Fraktionsvorsitzender, Ausschußvorsitzende); und schließlich für bestimmte Sachgebiete lokale Meinungsführer (Verbandsfunktionäre, Vereinsvorsitzende). Das Zusammenführen von politischem Willen und fachlichen Möglichkeiten erfolgt unter sich ständig ändernden Umständen, wird aber durch den Kontakt der daran beteiligten Personen sichergestellt. Diese nichtöffentliche Vorbereitung von Entscheidungen ist weitgehend unabhängig von der jeweiligen Gemeindeverfassung. Eine *Institutionalisierung* dieser frühzeitigen Kommunikation zwischen hauptamtlichen und ehrenamtlichen Kommunalpolitikern findet sich in der Magistratsverfassung ebenso wie im Amt des ehrenamtlichen Stadtrates nach der Bayerischen Gemeindeordnung, dem Niedersächsischen Verwaltungsausschuß oder dem Stadtvorstand kreisfreier Städte in Rheinland-Pfalz.

## 3. Die Beschlußfassung

Ohne Beschluß geht nichts. Dies bedeutet, daß der Beschlußantrag auf der *Tagesordnung* der Gemeindevertretung stehen muß. In Fällen besonderer *Dringlichkeit* kann durch Mehrheitsbeschluß eine Ergänzung der Tagesordnung herbeigeführt werden. Dabei ist die Dringlichkeit zu prüfen, da eine verantwortliche Meinungsbildung voraussetzt, daß die *Sitzungsunterlagen* rechtzeitig (mindestens eine Woche) vorher und schriftlich den Mandatsträgern vorliegen. Die Beschlußvorlage ist in der Regel geteilt in einen *Beschlußentwurf* im engeren Sinne und eine *Begründung* des Antrags. Der Beschlußentwurf muß so formuliert sein, daß mit Ja oder Nein abgestimmt werden kann.

Inhaltlich muß der Beschluß so konkret sein, daß die Gemeindeverwaltung ausführbare Anweisungen erhält. Beim Antrag auf Änderung einer Satzung muß über den neuen Wortlaut abgestimmt werden. Bei jeder Abstimmung ist auch die Enthaltung oder die Nichtteilnahme an der Abstimmung möglich. Bei *Stimmengleichheit* gilt der Antrag als abgelehnt. Hat ein Ausschuß eine Entscheidungsbefugnis wahrgenommen, so kann sein Beschluß von der Gemeindevertretung nur dann aufgehoben werden, wenn noch keine rechtskräftige Wirkung gegenüber Dritten entstanden ist.

# Kapitel X
# Selbstkontrolle und Aufsichtsbehörden

## 1. Kontrollrechte der Gemeindevertretung intern

Der Vollzug der Entscheidungen durch die zuständigen Ämter unterliegt einer verwaltungsinternen Kontrolle. Sie bedient sich u. a. des Rechnungsprüfungsamtes. Ein Kontrollrecht steht jedoch auch der Gemeindevertretung zu. Sie ist *Dienstvorgesetzte* des Verwaltungschefs. Er ist *rechenschafts- und informationspflichtig* gegenüber den gewählten Vertretern der Kommune. Die Gemeindevertretung kann den Hauptverwaltungsbeamten auffordern, in regelmäßigen Abständen über die Durchführung der Beschlüsse zu berichten. Ein wichtiges Steuerungs- und Kontrollrecht der Kommunalvertretung bildet die Entscheidungskompetenz über den *Haushalts-* und *Stellenplan*.

Beide Pläne beinhalten einen Handlungsrahmen, der von der Verwaltung nicht überschritten werden darf.

Ein wesentliches Kontrollinstrument zur Überprüfung des Finanzgebarens der Verwaltung bildet der *Rechnungsprüfungsausschuß*. Er schlägt der Gemeindevertretung vor, die jährliche Entlastung des Verwaltungschefs zu erteilen oder zu verweigern. Eine unabhängige Kontrollaufgabe kommt auch dem *Rechnungsprüfungsamt* zu, das z. B. in Nordrhein-Westfalen dem Stadtrat unterstellt ist und von dort gesonderte *Prüfungsaufträge* erhält.

Ein weiteres Kontrollrecht besteht dann, wenn die an andere Organe delegierten Beschlußbefugnisse aufgrund eines *Rückholrechts* wieder in die Kompetenz der Gemeindevertretung zurückgeholt werden können. Gibt es zwischen der Vertretung und der Verwaltung unauflösliche Differenzen, so können diese entweder durch eine *Dienstaufsichtsbeschwerde* bei der nächsthöheren Kommunalaufsicht oder durch ein *Kommunalverfas-*

*sungsstreitverfahren*, besser Organstreitverfahren genannt, geklärt werden.

## 2. Widerspruchsmöglichkeiten gegenüber Externen

Auch gegenüber der Kommunalaufsicht ist eine Dienstaufsichtsbeschwerde denkbar. Ebenso ein Normenkontrollverfahren gegen Verfahrens- und Formvorschriften bei Planungen, die die Gemeinde berühren. Gegen Verwaltungsakte der Aufsichtsbehörden steht den Kommunen ein *Widerspruchsrecht* zu. Wird diesem Widerspruch nicht stattgegeben, so kann die Gemeinde gegen diesen Bescheid beim Verwaltungsgericht klagen. Werden durch Landesgesetze die Kernbereiche der kommunalen Selbstverwaltung ausgehöhlt, so ist auch eine Verfassungsbeschwerde beim Verfassungsgerichtshof des Landes möglich.

## 3. Die Kommunalaufsicht

Die Kommunalaufsicht des Landes soll sicherstellen, daß die Gemeinden ihre Aufgaben im Interesse des öffentlichen Wohls durchführen. Gleichzeitig ist die Kommunalaufsicht zum gemeindefreundlichen Verhalten verpflichtet, um die Gemeinden in ihren Rechten zu schützen. Die Kommunalaufsicht ist geteilt in eine *allgemeine Aufsicht* der kommunalen Selbstverwaltung und in eine *Sonderaufsicht* über die Angelegenheiten des Staates, die den Kommunen übertragen wurden. Im Bereich der freiwilligen Selbstverwaltungsaufgaben unterliegen die Kommunen nur der allgemeinen Aufsicht, die sich auf die Rechtmäßigkeitskontrolle beschränken soll.

Im Bereich der Pflichtaufgaben zur Erfüllung nach Weisung besteht sowohl eine Rechts- als auch eine Fachaufsicht. Im Bereich der Auftragsangelegenheiten überwacht der Staat ohne Einschränkung die Recht- und Zweckmäßigkeit des kommunalen Handelns. Aufsichtsbehörden sind für die kreisangehörigen Gemeinden der Oberkreisdirektor/Landrat als untere staatliche

*Abbildung 12:* Staatliche Kommunalaufsicht

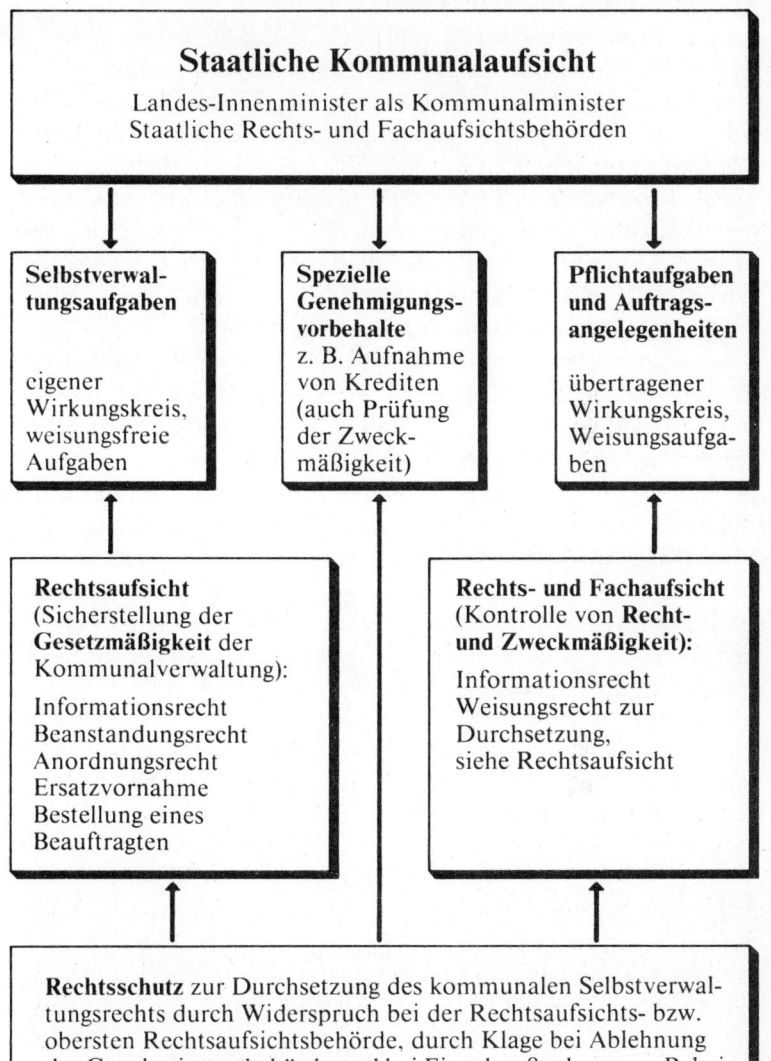

**Staatliche Kommunalaufsicht**

Landes-Innenminister als Kommunalminister
Staatliche Rechts- und Fachaufsichtsbehörden

**Selbstverwal-
tungsaufgaben**

eigener
Wirkungskreis,
weisungsfreie
Aufgaben

**Spezielle
Genehmigungs-
vorbehalte**
z. B. Aufnahme
von Krediten
(auch Prüfung
der Zweck-
mäßigkeit)

**Pflichtaufgaben
und Auftrags-
angelegenheiten**

übertragener
Wirkungskreis,
Weisungsaufga-
ben

**Rechtsaufsicht**
(Sicherstellung der
**Gesetzmäßigkeit** der
Kommunalverwaltung):

Informationsrecht
Beanstandungsrecht
Anordnungsrecht
Ersatzvornahme
Bestellung eines
Beauftragten

**Rechts- und Fachaufsicht**
(Kontrolle von **Recht-
und Zweckmäßigkeit**):

Informationsrecht
Weisungsrecht zur
Durchsetzung,
siehe Rechtsaufsicht

**Rechtsschutz** zur Durchsetzung des kommunalen Selbstverwaltungsrechts durch Widerspruch bei der Rechtsaufsichts- bzw.
obersten Rechtsaufsichtsbehörde, durch Klage bei Ablehnung
der Genehmigungsbehörde und bei Einzelmaßnahmen, z. B. bei
Untätigkeit der Verwaltung.

95

Verwaltungsbehörde und bei kreisfreien Städten und Kreisen der Regierungspräsident, soweit vorhanden. Die oberste Aufsichtsbehörde ist der Innenminister. Bei der allgemeinen Kommunalaufsicht wird zwischen vorbeugenden und nachträglichen Maßnahmen der Kontrolle unterschieden. *Vorbeugend* sind Genehmigungsvorbehalte, Beratung, und das Recht der Behörde, jederzeit unterrichtet zu werden.

Zur *nachträglichen Kontrolle* gehören das Beanstandungs- und Aufhebungsrecht von Beschlüssen, das Anordnungsrecht zu entsprechendem Handeln und die Ersatzvornahme im Weigerungsfall. Durch die *Prüfung der Jahresrechnung* mit einem Prüfbericht unterliegt das Haushaltsverhalten der Kommunen einer besonderen regelmäßigen Kontrolle. Die Kommissarbestellung sowie die Auflösung der Gemeindevertretung sind letzte Mittel der Kommunalaufsicht, falls Gemeindevertretungen sich weigern, die notwendigen Beschlüsse zu fassen. Gegen die Maßnahmen der allgemeinen Kommunalaufsicht kann die Gemeinde vor den Verwaltungsgerichten klagen. Als Grundsatz gilt, daß die *Aufsichtsbehörde nur im öffentlichen Interesse* handeln darf, nicht jedoch zur Durchsetzung von Interessen einzelner Bürger. Ob die Behörde tätig wird, richtet sich auch nach dem Grundsatz der Verhältnismäßigkeit. Kein Maßstab der Kommunalaufsicht dürfen politische Erwägungen sein.

# Kapitel XI
# Politischer Wettbewerb außerhalb der Gremien

## 1. Die Arbeit der lokalen Parteien

Nach Artikel 21 Abs. 1 des Grundgesetzes wirken die Parteien bei der politischen Willensbildung des Volkes mit. Was bedeutet das für die lokale Ebene?

a) Diese Mitwirkung erfordert zuerst eine *Meinungsbildung* innerhalb der eigenen Partei über die kommunalen Ziele und die damit verbundenen Interessen und Wertvorstellungen. Zu der Erarbeitung von Programmen und Konzepten gehört die Befähigung der Mitglieder, hierüber mit anderen diskutieren zu können.

b) Zur Herstellung lokaler Öffentlichkeit gehört neben der Formulierung der eigenen politischen Ziele die Fähigkeit zum *Bürgerdialog*. Die oft beschworene Bürgernähe erfordert das Aufbrechen der binnenorientierten Partei-(Vereins-)Arbeit hin zum Gespräch mit einer Vielzahl sozialer Gruppierungen. Erst der direkte Kontakt mit denjenigen, die sich in der Gemeinde bürgerschaftlich engagieren, bringt die notwendigen Erfahrungen über die tatsächlichen Interessen in der kommunalen Gemeinschaft. Deshalb ist es auch sinnvoll, die Parteiarbeit an den gewachsenen Stadtteil-/Dorfstrukturen, d. h. den *vorhandenen Kommunikationsnetzen*, zu orientieren, um Identifikation zu ermöglichen. Beim Bürgerdialog reicht es nicht aus zu warten, bis die Bürger kommen (dann ist es meistens bereits zu spät).

    Von den Parteien muß erwartet werden, daß sie die Vertreter der Gruppierungen einladen oder sich dort zum Gespräch stellen, wo es Probleme gibt. Zur *Mittlerfunktion* zwischen Bürgern und organisierter Verwaltung gehört es, die von den

Bürgern geäußerten Anregungen in die Arbeit der Gemeindevertretung einzubringen.

c) Um der Parteienverdrossenheit und der Ideologie einer nur sachbezogenen Selbstverwaltungstätigkeit auf lokaler Ebene entgegenzuwirken, stellt sich den Parteien die Aufgabe der *Politisierung* und *Demokratisierung*. Hierzu gehört es, daß die gesellschaftlichen *Konflikte öffentlich* gemacht werden. Die Parteien dürfen den brennenden und umstrittenen Sachfragen nicht ausweichen und sich nicht hinter administrativen Sachzwängen verstecken. Politisches Interesse kann auch dadurch geweckt werden, daß die Bürger *Informationen über Alternativen* erhalten. Und schließlich kann politisches Bewußtsein insbesondere dadurch gefördert werden, daß die *Betroffenen* in die Vorbereitung der Entscheidungen einbezogen werden. Eine solche Politik bedeutet das Loslösen von der Fixierung auf Verwaltungsvorlagen und ein stärkeres Offenlegen innerparteilicher Entscheidungsprozesse.

d) Eine wesentliche Funktion lokaler Parteien besteht darin, Vertreter für die politischen Gremien intern auszuwählen, sie zu entsenden und zu kontrollieren. Da die Parteien weitgehend ein Kandidaten-Aufstellungsmonopol besitzen, tragen sie eine besondere Verantwortung für eine die Bürgerschaft repräsentierende Personenauswahl. Bei der zeitlichen Belastung und einer gewissen Professionalisierung der Mandatsträger, insbesondere in großen Städten, sind diejenigen Kandidaten im Vorteil, die nicht durch eine genau festgelegte Arbeitszeit gebunden sind und die im Rahmen ihrer beruflichen Tätigkeit Techniken sozialer Kommunikation erlernt haben.

Zur Bereitstellung des politischen Personals gehört auch das Einbinden befähigter Bürgerinnen und Bürger als sogenannte sachkundige Mitglieder von Ausschüssen und die *Aus- und Weiterbildung* der kommunalen Mandatsträger.

e) Die Mitwirkung an der politischen Willensbildung erfordert auch eine *Mittlerfunktion* zwischen den lokalen Interessen und den überregionalen bzw. staatlichen Entscheidungsträgern. Dies erfolgt insbesondere durch Stellungnahmen zu den gesellschaftlichen Problemen, z. B. Dauerarbeitslosigkeit, Klimakatastrophe usw., sowie durch Anträge an überregionale Gremien.

f) Zum Willensbildungsprozeß gehört auch die *Innovationsfunktion*, d. h. das Aufgreifen neuer Trends und damit neuer Aufgaben in der lokalen Politik. Sich ändernde Bevölkerungsstrukturen und Arbeitstechnologien oder die Auswirkungen der europäischen Vereinigung auf das kommunale Geschehen sind Beispiele, die auch lokale Politik herausfordern.

g) Neue Aufgabenstellungen berühren aber auch die Arbeit der Parteien selbst, die von Zeit zu Zeit auf den *Prüfstand* gestellt werden muß. Arbeitet die Partei über Themen, die von den Bürgern als bedeutsam eingeschätzt werden? Nur dann wird die Partei als wichtig für die eigene Person eingeschätzt, was wiederum das Wahlverhalten beeinflußt.

Arbeitet die Partei so, daß sie überhaupt wahrgenommen wird? Für die meisten Menschen spielt Kommunalpolitik nur eine untergeordnete Rolle, und viele erfahren nichts darüber, was die Aktivisten stundenlang beschäftigt.

h) Stärker als die Partei ist oft jedoch das *Gewicht der Fraktion*. Dabei kommt den Fraktionen die größere Öffentlichkeitswirkung und die bessere finanzielle Ausstattung zugute. Oft ist es aber auch die größere politische Aktivität, die den Einfluß wachsen läßt. Dort, wo das Übergewicht der Fraktion zu stark ist, wird die Arbeit mit den Mitgliedern vernachlässigt, was längerfristig die Wirkungsmöglichkeiten in der Kommune einschränkt.

## 2. Lokale Öffentlichkeit

Kommunale Selbstverwaltung geschieht durch Beschlüsse in den Gremien und ihren Vollzug durch die Verwaltung: Also für die meisten Bürger im verborgenen. Erst wenn es in der Zeitung gestanden hat, bekommt ein lokales Thema die Chance, bei vielen Menschen zum *Gespräch* zu werden. Als Produzenten lokaler Öffentlichkeit sind vor allem örtlich orientierte Massenmedien, lokale Organisationen und politische Parteien tätig. Ihre Aufgabe ist die Vermittlerrolle, der wechselseitige Austausch von Informationen zwischen der örtlichen Bevölkerung und den kommunalen Entscheidungsträgern. Eine besondere Bedeutung kommt dabei dem Lokalteil der *Tageszeitungen* zu.

Die Handlungsmöglichkeiten der Lokalredakteure sind jedoch durch die besondere Nähe zum Anzeigenmarkt und die allgemeinen und politischen Arbeitsbedingungen der Redaktionen begrenzt. Lokalzeitungen stehen in der Gefahr, entweder zum *Sprachrohr der Verwaltung* zu werden oder zur *Hofberichterstattung* für die örtlichen Honoratioren. Damit transportiert manche Lokalseite das Leitbild einer vordemokratischen Honoratiorengesellschaft, deren Autoritäten als kommunale Wohltäter abgebildet werden. Politische Öffentlichkeitsarbeit ist mehr als *Pressearbeit*, aber ohne Presse ist es schwer, lokale Öffentlichkeit herzustellen.

Am glaubwürdigsten wird Öffentlichkeit durch das *persönliche Gespräch* hergestellt. Eine derartige Verbreitungsform ist jedoch nur gegenüber einer sehr begrenzten Anzahl von Personen möglich.

Als Alternative zum öffentlichen Schlagabtausch hat sich in den letzten Jahren als Politikmodell der *„runde Tisch"* eingebürgert. An ihn werden all diejenigen eingeladen, die etwas zur Problemlösung beitragen können, neben den Politikern also auch Betroffene, Experten, Verantwortliche und Macher.

Dort, wo es keine Lokalzeitungen gibt oder Meldungen unterdrückt werden, ist die *Herstellung eigener „Medien"* und die Sicherstellung ihrer Verbreitung eine wichtige Herausforderung. Wirkungsvolle Formen der Herstellung von *Öffentlichkeit durch symbolhafte Aktionen* haben Bürgerinitiativen beispielhaft vorgeführt, wie die Greenpeace-Aktionen zeigen. Je größer die Kommune, desto wichtiger wird die Kommunikation mit den Bürgern über die Medien. Kommunale Arbeit in Gremien, die keiner wahrnimmt, bedeutet Selbstisolation. Deshalb müssen die politischen Akteure aktiv werden und einen Teil ihrer knappen Zeit der Pressearbeit widmen. Für lokale Entscheidungen erwartet die Bevölkerung keine administrativen Sachzwänge als

Erklärung, sondern die Begründung von Entscheidungen als *Ergebnis politischer Erwägungen* und Wertvorstellungen.

Da die Pressearbeit zum Kernstück der lokalen Medienarbeit gehört, sollte man sich an folgende Grundregeln halten:

– Es interessieren die konkreten Dinge vor Ort und die positive Einflußnahme der Partei darauf. Allgemeine Ausführungen interessieren weder den Lokalredakteur noch die Bürger.
– Die Information muß schnell (Tagespresse) und präzise sein.
– „Pressegerecht" ist ein lesenswerter Bericht über interessante Ereignisse und nicht der Kommentar darüber.
– Redakteure sind kein Organisationssprachrohr. Statt Eigenlob sollten lieber die Fakten für sich sprechen.
– Die wichtigsten Informationen für die Leser stehen bereits in den ersten Sätzen, denn gekürzt wird in der Regel vom Ende her.

Gibt es vor Ort eine Ungleichbehandlung in der Presseberichterstattung, so sollte das *Gespräch* mit den verantwortlichen Journalisten gesucht werden, um die Ursachen herauszufinden.

## 3. Minderheitenstrategie

Da Minderheitsfraktionen keine Möglichkeit besitzen, sich durch Mehrheitsbeschlüsse direkt durchzusetzen, brauchen sie für einen Erfolg andere Politikformen.

a) Zu Beginn der Wahlperiode sollte das *Selbstverständnis* diskutiert und die Rolle beschrieben werden, die man einnehmen will (geduldeter Junior-Partner mit Postenbeteiligung oder punktuelle bzw. harte Opposition usw.).

b) Die Minderheit sollte sich auf einige lokale Problemfelder *konzentrieren*, zu denen denkbare Alternativen mit Nachdruck gefordert werden. Die Minderheitspartei sollte das aufgreifen, was eine Vielzahl von Menschen bewegt, aber durch die Trägheit der Mehrheitspolitik nicht geschieht. Dabei sollte sie bestrebt sein, die *Betroffenen* in die Problemlösungen mit einzubeziehen. Auch die Mobilisierung von *Fachverstand* in den eigenen Reihen und von „außerhalb" bringt eine Unterstützung für das Anliegen. Gute Argumente und Fakten – noch dazu von *Autoritäten* auf diesem Gebiet präsentiert – sind schwer zu widerlegen.

Gerade wenn nur wenige personelle und technische Ressourcen zur Verfügung stehen, sollte man ihren Einsatz optimieren. Deshalb ist es oft sinnvoll, Veranstaltungen mit anderen Partnern gemeinsam durchzuführen.

c) *Öffentlichkeitsarbeit* hat den Vorrang vor der Gremienarbeit, über die nicht berichtet wird und auf die man wenig Einfluß ausüben kann. Diese Erkenntnis muß sich auch in der *Zeiteinteilung* der „Parteioberen" bemerkbar machen. Wenn man in einem vom parteipolitischen Gegner beherrschten Umfeld agiert, muß man *Überraschendes* bringen, um sich Gehör zu verschaffen. Jede politische Botschaft, die man von der Partei erwartet, ist eine Botschaft, die kein Interesse finden wird. Auch in einer schwierigen Presselandschaft sollte der Kontakt mit Journalisten gesucht und gepflegt werden.

d) In Minderheitssituationen mit *„Diaspora-Charakter"* wollen sich weder alle Parteimitglieder noch Sympathisanten zu der betreffenden Partei bekennen. Deshalb sind Möglichkeiten zu überlegen, Informationsveranstaltungen auf „neutralem Boden" und mit Partnerorganisationen gemeinsam zu veranstalten, die eine Anwesenheit leichter ermöglichen. Auch sind manche Personen eher bereit, ihre Kenntnisse und Fähigkeiten inoffiziell zur Verfügung zu stellen, wenn sie daraufhin angesprochen werden.

# Kapitel XII
# Grundzüge der Wahlen und Wahlverfahren

## 1. Der Wahlkampf

Das Bemühen um die Wähler ist eine ständige Aufgabe und erfordert eine permanente Öffentlichkeitsarbeit. Ein guter Wahlkampf macht die uninteressierten Wähler auf den Wahltermin aufmerksam, mobilisiert die eigene Anhängerschaft und frischt das vorhandene Image einer Partei auf. Die politischen Versäumnisse der zurückliegenden Jahre kann ein Wahlkampf ebensowenig ausbügeln, wie er ein völlig neues Image oder ein unrealistisches Bild der Partei prägen kann. In erster Linie dient er dazu, die *Unentschlossenen* sich über ihre verborgenen politischen Einstellungen bewußt werden zu lassen.

Idealtypisch unterschieden werden kann zwischen drei grundlegenden *Wahlkampfstrategien*. Der *Leistungswahlkampf* wird insbesondere von den Mehrheitsparteien bevorzugt, die durch eine Leistungsbilanz ihre Problemlösungskompetenz nachweisen wollen. Der *Programmwahlkampf* wird von den Oppositionsparteien bevorzugt, die durch die Betonung von programmatischen Forderungen das Einverständnis der Wähler für bessere Problemlösungen einholen wollen. Der *Personenwahlkampf* ist dann vielversprechend, wenn die Partei hervorragende Persönlichkeiten anzubieten hat, die von der Bevölkerung den Kandidaten der gegnerischen Parteien vorgezogen werden.

In der Realität des Wahlkampfes gibt es in der Regel eine Mischung aus allen Wahlkampfstrategien. Wichtig ist, daß die Partei *eigenständige Themen* erarbeitet und in die Öffentlichkeit bringt. Dann ist sie nicht gezwungen, nur auf die Aktivitäten anderer zu reagieren. Einen Vorteil hat auch diejenige Partei, deren Aussagen *Stimmungslagen* in der Bevölkerung treffen. Darüber hinaus soll die Partei eindeutig wiederzuerkennen sein. Daher sollten die inhaltliche *Botschaft* und das äußere *Erscheinungs-bild* eine harmonische Einheit bilden. Kurz, die Werbefachleute sprechen vom „Sound" einer Partei, dem eigenständigen Klangbild der Botschaft, die zum Hinhören verleitet.

## 2. Die Wahl der Gemeindeorgane und Gremien

Die Gemeindevertretung wird nach den allgemeinen *Wahl-rechtsgrundsätzen* (allgemein, unmittelbar, frei, gleich, geheim) auf die Dauer von vier oder fünf Jahren gewählt. Wesentlich ist dabei, daß überall nach dem *Verhältniswahlverfahren* gewählt wird. Das hat zur Folge, daß die Mehrheitsverhältnisse in den Kommunalparlamenten denen in der Bürgerschaft in etwa entsprechen. Eine kommunale Besonderheit ist, daß neben den Parteien auch sogenannte Wählergemeinschaften Kandidaten aufstellen und sich auch Einzelbewerber zur Wahl stellen können. Die Bedeutung der Wählergemeinschaften ist in den verschiedenen Bundesländern sehr unterschiedlich.

## a) Das Mehrheitswahlrecht

Das *Mehrheitswahlrecht* bestimmt nicht die Zusammensetzung der Gemeindeverwaltung. Im Land Nordrhein-Westfalen beispielsweise legt die Wahlform fest, wer den einzelnen Wahlkreis als direkt gewähltes Ratsmitglied vertritt. Die Stadt B hat 39 Stadtverordnete. Das Stadtgebiet ist in 20 Wahlkreise aufgeteilt, in denen je eine Person *direkt gewählt* werden kann. Die Hälfte aller zu vergebenden Sitze wird demnach über das Mehrheitswahlrecht in den Wahlbezirken besetzt. Die übrigen Sitze werden über die *Parteilisten* verteilt. Auf diesen Listen sind in einer Reihenfolge noch einmal alle Kandidatinnen und Kandidaten aufgeführt. Wer bereits direkt gewählt ist, wird von der Liste gestrichen. Hat eine Partei z. B. in der Gesamtstadt einen Anteil von 19 Sitzen errungen und wurden bereits 12 Wahlkreise von Personen dieser Partei direkt gewonnen, so stehen dieser Partei noch 7 Sitze zu, die nach der Rangfolge auf der Liste vergeben werden.

*Abbildung 13:* Personalisiertes Verhältniswahlrecht

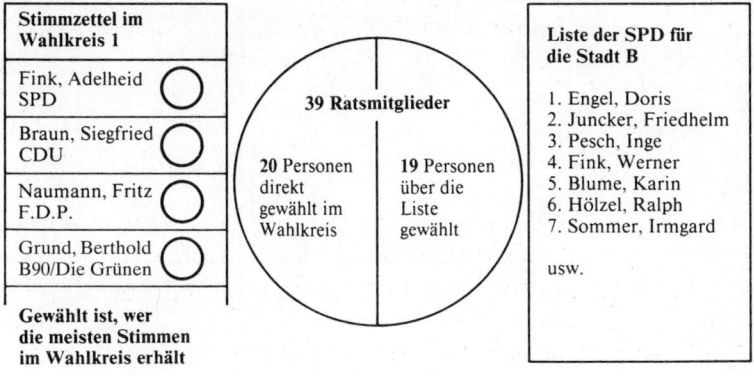

Letztlich bestimmt also das *Verhältniswahlrecht* die Fraktionsgröße in der Gemeindevertretung. Das relative Mehrheitswahlrecht im einzelnen Wahlbezirk begünstigt die bekannten Honoratioren und verpflichtet gleichzeitig zu einer bürgerorientierten Arbeit im Wahlkreis. Durch die Listen verfügen die Parteien über die Möglichkeit, Personen, auf die sie in der Fraktionsarbeit nicht verzichten wollen, auf den vorderen Plätzen abzusichern. Eine Reserveliste über die erreichte Fraktionsstärke hinaus ermöglicht das Nachrücken von Gleichgesinnten beim Ausscheiden von Gemeindevertretern.

## b) Die Verhältniswahl

In Nordrhein-Westfalen zum Beispiel bestimmt bisher die Verhältniswahl über die Zusammensetzung des Rates. Bei diesem Wahlverfahren konkurrieren verschiedene Namenslisten miteinander, die als Wahlvorschläge der Parteien eingereicht werden. Der Stimmenanteil der Partei wird dann anteilsmäßig auf die Gesamtstimmenanzahl bezogen und in die der Partei zustehende Anzahl von Mandaten umgerechnet. Da die Personenliste auch gleichzeitig eine Rangliste darstellt, kann die gewählte Anzahl von oben her abgezählt werden. Die übrigen sind in der weiteren Rangfolge mögliche Nachrücker.

*Abbildung 14:* Kumulieren und Panaschieren

| Wahlvorschlag 1 A-Partei (X) | | | | Wahlvorschlag 2 B-Partei (O) | | | | Wahlvorschlag 3 C-Partei (O) | | | |
|---|---|---|---|---|---|---|---|---|---|---|---|
| 1. Menn, Herbert | | | | 1. Dr. Recht, Wilfried | | | | 1. Senst, Ursula | X | X | |
| 2. Rath, Susanne | X | X | X | 2. Kölsch, Helma | X | | | 2. Dr. Holz, Reiner | | | |
| 3. Sang, Dieter | | | | 3. Sand, Reinhard | | | | 3. Greitz, Erich | | | |
| 4. Zack, Heidi | X | X | X | 4. Weil, Hans | | | | 4. Gabler, Karl | | | |
| 5. Koch, Klaus | | | | 5. Stelzel, Manfred | | | | 5. Kaspar, Ludwig | | | |
| 6. Kohler, Lothar | | | | 6. Kehlen, Gerhard | | | | 6. Sperber, Fritz | | | |

*Anders ist es dort, wo die Wähler selbst Einfluß auf die Rangfolge* nehmen können. Ausgehend von den südlichen Bundesländern ist ein Kommunalwahlsystem verbreitet, bei dem jeder Wähler soviel Stimmen hat, wie Mandate zu vergeben sind. Der Wähler kann dabei *kumulieren,* d. h. bei einem Kandidaten mehrere Stimmen (maximal drei) „häufeln", und *panaschieren,* d. h. die Stimmen auf Kandidaten unterschiedlicher Partei- oder Wählergruppenlisten aufteilen. Sind in der Gemeinde D 11 Sitze in der Gemeindevertretung, so hat jeder Wähler 11 Stimmen. Diese kann der Wähler seiner Partei mit einem einzigen Kreuz geben, so daß die Kandidaten 1–11 dieser Liste jeweils eine Stimme erhalten.

Möchte jedoch Frau Y besonders die Frauen in der Kommunalpolitik unterstützen, so kann sie auf der Liste der Partei ihrer Wahl den Kandidatinnen jeweils 3 Stimmen geben (kumulieren). Gleichzeitig will sie vielleicht 2 Frauen einer anderen Partei ebenfalls unterstützen und gibt auch diesen Kandidatinnen Stimmen (panaschieren). Hat sie noch nicht alle Stimmen verbraucht, so kann sie eine Parteiliste in der Kopfzeile ankreuzen, damit die Reststimmen auf diese Partei aufgeteilt werden und ihr Stimmenanteil voll ausgeschöpft wird.

Einzelheiten über das Kommunalwahlsystem, über die Wählbarkeit, die Anforderungen an Wahlvorschläge, die Besetzung des Wahlvorstandes usw. enthalten die *Kommunalwahlgesetze* und Kommunalwahlordnungen der Bundesländer.

Wahlberechtigt ist jeder, der am Wahltag Deutscher im Sinne des Artikels 116 Abs. 1 des Grundgesetzes ist, das 18. Lebensjahr vollendet und seit mindestens 3 Monaten seinen Wohnsitz im Wahlgebiet hat.

## 3. Die Auszählverfahren

### Der Verfahren Hare/Niemeyer

An der Sitzverteilung nach dem Verfahren Hare/Niemeyer nehmen nur Parteien und Wählergruppen teil, die eine Mindeststimmenzahl erreicht haben. Um die auf einen Wahlvorschlag entfallenden Sitze zu ermitteln, werden die insgesamt zu vergebenden Sitze mit der Gesamtzahl der für die Bewerber des Wahlvorschlags abgegebenen Stimmen multipliziert und durch die Gesamtzahl der für die Bewerber aller an der Sitzverteilung teilnehmenden Wahlvorschläge dividiert.

$$\text{Sitze der Partei A} = \frac{\text{Zahl der Ratssitze} \times \text{Gesamtzahl der Stimmen des Wahlvorschlags}}{\text{Gesamtzahl der Stimmen der an der Sitzverteilung teilnehmenden Wahlvorschläge}}$$

Jeder Wahlvorschlag erhält zunächst so viele Sitze, wie ganze Zahlen auf ihn entfallen. Danach zu vergebende Sitze werden in der Reihenfolge der höchsten Zahlenbruchteile zugeteilt. Bei gleichen Zahlenbruchteilen entscheidet das Los. Die auf eine Liste entfallenden Sitze werden den einzelnen Bewerbern entsprechend der aufgeführten Reihenfolge zugewiesen. Bei Wahlen, die das Panaschieren und Kumulieren vorsehen, wird die Reihenfolge der Kandidaten durch die Höhe ihrer Stimmenzahlen ausgewiesen. Bei Stimmengleichheit entscheidet die Reihenfolge der Benennung im Wahlvorschlag.

## Das Verfahren nach d'Hondt

Beim *Höchstzahlverfahren nach d'Hondt* werden die erzielten Direktmandante einer Partei voll auf die insgesamt erzielten Mandate angerechnet. Erzielt eine Partei mehr Direktmandate, als ihr nach ihrem Stimmenanteil für das gesamte Wahlgebiet eigentlich zustehen, so wird eine Aufstockung der Mandate vorgenommen bis zu der Gesamtzahl, bei der die auf die einzelnen Parteien entfallenden Mandatsanteile wieder ihrem Anteil an den insgesamt abgegebenen Stimmen entsprechen. Angenommen, eine Gemeindevertretung zählt 11 Mitglieder. Die erreichte Stimmenzahl der Partei wird nacheinander durch 1, 2, 3, 4 usw. geteilt. Die Partei, in deren Liste der jeweils nächsthöhere Quotient steht, erhält jeweils den folgenden Sitz. Im folgenden Schema ist die Reihenfolge der Sitzverteilung durch die eingeklammerten Zahlen dargestellt.

*Abbildung 15:* Das Verfahren nach d'Hondt

| Geteilt durch | Partei A 564 Stimmen | Partei B 323 Stimmen | Partei C 113 Stimmen |
|---|---|---|---|
| 1 | 564 (1) | 323 (2) | 113 (7) |
| 2 | 282 (3) | 161,5 (5) | 56,5 |
| 3 | 188 (4) | 107,7 (9) | 37,7 |
| 4 | 141 (6) | 80,7 (11) | |
| 5 | 112,8 (8) | | |
| 6 | 94 (10) | | |
| 7 | 80,6 | | |
| | **6 Sitze** | **4 Sitze** | **1 Sitz** |

## 4. *Wahlbeteiligung*

Für die kommunale Ebene ist kennzeichnend, daß der Anteil der parteipolitisch Ungebundenen höher liegt als auf Bundesebene.

Sind aber kommunale Wahlentscheidungen weniger festgelegt, so kann daraus der Schluß gezogen werden, daß auch entsprechende kurzfristige (evtl. auch bundes-)politische Einflüsse eine Wirkung haben. Da auf der kommunalen Ebene sehr viele örtliche Themen dominieren, wird die Meinungsbildung im kommunalen Bereich auch sehr stark durch die konkreten Verhältnisse vor Ort (tatsächliche Versorgung, Leistungsfähigkeit der Verwaltung, eigene Bedürfnisse) bestimmt. Ideologische Komponenten spielen dabei eine weniger gewichtige Rolle. Für den Stellenwert der lokalen Parteien hat das folgende Konsequenzen: Die *Parteiidentifikation* auf kommunaler Ebene ist *schwächer* ausgeprägt. Die lokalen Parteien werden als weniger stark polarisiert wahrgenommen, d. h. näher beieinanderliegend als auf Landes- und Bundesebene.

Damit sind sie auch für die Anhänger der jeweils anderen Partei eher wählbar. Daneben gibt es aber auch starke *regionale Traditionen* der Parteibindung in den jeweiligen Hochburgen. Derartige Parteibindungen eines überwiegenden Wählerteils sind dann besonders dauerhaft, wenn sie durch die Existenz sogenannter *politisch-sozialer Milieus* abgestützt werden. Darunter sind spezifische soziale Orientierungen zu verstehen, die das Ergebnis sozialen Lernens durch ähnliche Erfahrungen und Lebenslagen darstellen (dörfliche Nachbarschaft, kirchliches Erleben, Industriearbeitserfahrungen). Mit der Auflösung der traditionellen politisch-sozialen Milieus haben sich auch auf der kommunalen Ebene die ohnehin schwächer ausgeprägten Parteibindungen weiter gelockert.

Der Anteil der *Wechselwähler* scheint bei Kommunalwahlen größer zu sein als bei Bundestags- und Landtagswahlen. Aufgrund der größeren Nähe zu den Lebensverhältnissen der Menschen und durch die allgemeine Einschätzung einer geringeren Bedeutung der Kommunalwahlen bilden sie gleichzeitig ein *Experimentierfeld* für verschiedene Wählergruppen. Zum einen artikuliert sich hier leichter der Unmut über gesellschaftliche Verhältnisse, zum anderen können neue politische Kräfte hier zuerst Fuß fassen. Auch hat sich gezeigt, daß insbesondere die Kommunalpolitik im Bereich der großen Städte so etwas darstellt wie ein *Frühwarnsystem* für andere politische Ebenen.

# Kapitel XIII
# Die Landkreise

## 1. Was leisten die Kreise?

Der Kreis (Landkreis) ist historisch gesehen und nach dem Grundgesetz ein *Gemeindeverband* (d. h. ein Zusammenschluß mehrerer Gemeinden und Städte), aber darüber hinaus vor allem eine *eigenständige Gebietskörperschaft* mit dem Recht auf Selbstverwaltung im Kreisgebiet. Daß der Kreis mehr ist als ein Zusammenschluß von Kommunen, zeigt sich in der eigenständigen Wahl des Kreistages und der Beschlußkraft über einen eigenen Haushalt. Die Arbeit der Kreise ist gekennzeichnet von ihrer Doppelnatur: Zum einen sind sie *untere staatliche Verwaltungsbehörde*, zum anderen haben sie Funktionen der *Selbstverwaltung*.

Als untere staatliche Verwaltungsbehörde nehmen sie die Rechts- und Fachaufsicht wahr, leiten die Kreispolizei und sind z. B. in Angelegenheiten des Kreises zur Unterrichtung der Landesregierung verpflichtet. Die Zuordnung von Verwaltungsaufgaben zur Kreisebene ist in den einzelnen Bundesländern unterschiedlich geordnet. Um die notwendige Festlegung der Aufgabenbereiche zu erreichen, wurden *Kreisordnungen* erlassen. Die freiwilligen Selbstverwaltungsaufgaben können in drei Gruppen gegliedert werden:

---

- Übergemeindliche Aufgaben.
- Ergänzende Aufgaben.
- Ausgleichsaufgaben.

---

Die *übergemeindlichen* Aufgaben beziehen sich auf das Ziel der Flächendeckung sowie das Ziel von Zentral- bzw. Spitzenversorgung. Beispiel hierfür sind die Unterhaltung der Kreisstraßen, die Abfallbeseitigung, die Verbesserung der regionalen Wirtschaftsstruktur, Naturparks usw.

Bei den *ergänzenden Aufgaben* handelt es sich um den Bereich, der die Leistungsfähigkeit einzelner Gemeinden überfordert. Dies betrifft die Unterhaltung von Krankenhäusern ebenso wie die Einrichtung von Volkshochschule oder Berufsschulen. Kreispolitik ist aber auch vielfach *Standortpolitik*. So kann der Beschluß eines Kreistages auch die Konkurrenzsituation von an Standorten interessierten Gemeinden beenden. Gleichzeitig kann ein solcher Beschluß aber auch bei ungewünschten Standorten, wie z. B. für Deponien, die demokratische Legitimation schaffen.

Die ergänzenden Aufgaben sind durch das *Subsidiaritätsprinzip* begrenzt. Das bedeutet, daß der Landkreis gemeindliche Aufgaben nur an sich ziehen darf, wenn die Leistungskraft einer Gemeinde nicht ausreicht oder dies aus Gründen einer einheitlichen Aufgabenerfüllung geboten ist.

Die *Ausgleichsfunktion des Kreises* begründet sich im Sozialstaatsprinzip, das fordert, die Schaffung gleichartiger Lebensverhältnisse anzustreben. Hier kann der Kreis allerdings nur tätig werden, wenn derartige Initiativen nachgewiesenermaßen notwendig sind. Andernfalls würde er in den Kompetenzbereich der Gemeinden eingreifen.

Finanziell erreicht der Kreis einen gewissen Lastenausgleich durch die *Kreisumlage*, die sich an der Steuerkraft der jeweiligen Gemeinde orientiert.

Zum anderen besteht die Möglichkeit, daß der Kreis finanzschwachen Gemeinden für eine regionale Aufgabenerfüllung Zuschüsse zuweist, ohne in die gemeindliche Zuständigkeit einzugreifen.

## 2. Die innere Kreisverfassung

Die Struktur der Kreisverfassungen ist landesspezifisch vielschichtig und abhängig von der Beziehung zwischen den Organen *Kreistag, Kreisausschuß* und *Landrat/Oberkreisdirektor* zu-
einander. Der Kreistag ist das oberste Organ des Kreises. Seine
Rechtsstellung und Struktur richten sich nach den entsprechenden Grundsätzen, die auch für die jeweiligen Gemeindevertretungen gelten. In den Bundesländern, in denen bisher eine personelle Trennung zwischen dem *Vorsitzenden* der gewählten
Repräsentativversammlung und dem Chef der Verwaltung vollzogen wurde (NRW, Niedersachsen), erhielt der Vorsitzende des
Kreistages den Titel Landrat, während der ebenfalls vom Kreistag gewählte Verwaltungschef Oberkreisdirektor hieß.

In Schleswig-Holstein leitet den Kreistag ein Kreispräsident,
während an der Spitze der Verwaltung ein Landrat steht. In Bayern, Baden-Württemberg, Rheinland-Pfalz und im Saarland
bündeln sich die Funktionen des Vorsitzenden des Kreistages,
des Chefs der Verwaltung und des Außenrepräsentanten des
Kreises in der Person des *Landrats*. In den neuen Bundesländern
wählt sich der Kreistag einen Vorsitzenden und einen Vorstand.
Er wählt ebenso den Landrat, der Chef der Kreisverwaltung,
Vorsitzender des Kreisausschusses und rechtlicher Vertreter des
Kreises ist.

Nicht nur die Funktion der Landräte, sondern auch ihre *Ernennung* unterscheiden sich von Land zu Land: z. B. in Bayern,
Mecklenburg-Vorpommern, Nordrhein-Westfalen und Niedersachsen: Volkswahl; in Hessen und Schleswig-Holstein: Wahl
durch den Kreistag; in Baden-Württemberg: Wahl durch den
Kreistag im Einvernehmen mit der Regierung; in Rheinland-
Pfalz: Ernennung durch den Ministerpräsidenten nach Zustimmung des Kreistages; im Saarland schließlich erfolgt eine staatliche Bestellung.

Die unterschiedlichen Bestellungsverfahren haben Auswirkungen auf das berufliche Selbstverständnis und den Einfluß der
Parteien. Zwischen den beiden Organen Kreistag und Hauptver-
waltungsbeamter (Landrat/Oberkreisdirektor) steht in allen

*Ländern, mit Ausnahme von Baden-Württemberg, der Kreis-*
*ausschuß.* In Hessen und Schleswig-Holstein ist er ein eigen-
ständiges kollegiales Verwaltungsorgan, in Niedersachsen und
Nordrhein-Westfalen ein zweites kleines Beschlußfassungsgre-
mium.

## 3. Der Kreis als Identitätsangebot

Gerade im Zusammenhang mit der Orientierung auf ein größe-
res Europa hat einerseits der Regionalgedanke an Bedeutung gewonnen, aber andererseits auch eine erkennbare Sehnsucht nach
dem Nahraum Heimat. Landkreispolitik greift dieses Identitäts-
bedürfnis in der Bevölkerung auf und versucht, es dort zu ver-
wirklichen, wo noch eigenständige Entscheidungen getroffen
werden können: vor allem im sozialen Bereich, im kulturellen
Sektor und in der Landschaftspflege. Gleichzeitig entsteht das
Ziel, Identität zu einer Verwaltungsstrategie zu schaffen, die die
Eigenkräfte für die Entwicklung des Gebietes mobilisiert. Dabei
geht es vor allem um strukturelle Wirtschaftsförderungsüberle-
gungen. Die Betonung von räumlichen Besonderheiten fördert
aber auch das Zugehörigkeitsgefühl zum Kreis und damit auch
die Bereitschaft, sich für Projekte auf der für die Bürger etwas
entfernteren Kreisebene einzusetzen.

# Kapitel XIV
# Die Finanzierung kommunaler Aufgaben

## 1. Die Grundlagen des Haushalts

Ohne Verfügung über eigene Finanzmittel kann es keine kommunale Selbständigkeit geben. Deshalb gehört zu den wichtigsten Rechten und Pflichten der Kommune die Aufstellung, Beratung, Beschlußfassung und der Vollzug eines Haushalts. Unter *politischen* Gesichtspunkten hat der Haushalt vor allem *drei Aufgaben.* Er ist zum einen ein Arbeits- und Wirtschaftsplan, von dem die Verwaltung nur unter begrenzten Bedingungen abweichen darf. Damit ist er das *demokratische Steuerungsmittel,* durch das die politischen Absichten und Entscheidungen der Gemeindevertretung in ein festes Programm übertragen werden.

Zweitens ermöglicht der Haushalt einen Einblick in die kommunale Finanzwirtschaft. Der Vergleich der Einnahmen und Ausgaben über mehrere Jahre hinweg gibt einen guten Aufschluß über die Entwicklung der kommunalen Finanzen und ermöglicht es, nach den Ursachen für die Veränderungen zu fragen. Damit kommt dem Haushaltsplan auch eine wesentliche *Kontrollfunktion* zu. Auch politische Entscheidungen auf Landesebene (z. B. Städtebauförderung) und Bundesebene (z. B. Sozialpolitik) finden ihren Niederschlag in den Kommunalhaushalten.

Drittens ist der Haushaltsplan aber auch Ausdruck politischer *Prioritäten,* die die lokale Mehrheit hinsichtlich der jeweiligen Aufgabenerfüllung setzt. Aus wirtschaftlicher Sicht gibt der Haushaltsplan mit seinen Einnahmen auch einen guten Einblick in die *wirtschaftliche Leistungskraft* der ortsansässigen Betriebe (Gewerbesteuer) sowie des jeweiligen Bundeslandes (Zuweisungen).

Die *gesetzlichen Grundlagen* der kommunalen Haushaltswirtschaft sind in der *Gemeindeordnung (GO)* des Landes festgelegt, die Einzelheiten dazu in den *Gemeindehaushaltsverordnungen (GemHVO)*. Die Rechtsgrundlage für die Gewerbe- und Grundsteuer als Kommunalsteuern beruht auf Artikel 106 Grundgesetz. Die Erhebung von Steuern und anderen öffentlichen Abgaben, wie z. B. Gebühren und Beiträge, erfordern kommunale *Satzungen*, die wiederum auf gesetzlicher Grundlage beruhen (z. B. Kommunales Abgabengesetz [KAG]). Schließlich regeln die *Finanzausgleichsgesetze der Länder* den kommunalen Finanzausgleich zwischen dem Land und seinen Kommunen. Durch den „Fonds deutsche Einheit" wurde der Bund/Länder-Finanzausgleich für die fünf neuen Bundesländer zeitweise suspendiert und durch Zuweisungen ersetzt.

Da im föderativen Staatsaufbau die kommunale Finanzverfassung Landesangelegenheit ist, gibt es in den Einzelheiten manche Differenzen. Die Länder stimmen sich jedoch untereinander ab, so daß die Grundzüge der kommunalen Finanzverfassung nur geringfügig voneinander abweichen. Als Clearingstelle für die Berechnungsmodalitäten dient die Kommunale Gemeinschaftsstelle für Verwaltungsvereinfachung (KGSt) mit Sitz in Köln.

In den vergangenen 15 Jahren war das *Gemeindefinanzsystem* einer starken Belastung ausgesetzt. Während mit dem Anstieg der Arbeitslosigkeit die von den Kommunen zu finanzierenden Sozialhilfeausgaben enorm anstiegen, blieben die Steuereinnahmen hinter den Erwartungen zurück. Durch Zuweisungskürzungen waren die Gemeinden gezwungen, Investitionsausgaben zu kürzen und ihre Defizite über Gebührenerhöhungen zu verringern.

Die Bauinvestitionen verringerten sich Anfang der 80er Jahre um fast ein Viertel und erreichten erst 1990 wieder das Niveau von 1980. Auch die freiwilligen Aufgaben, also der eigentliche Spielraum kommunaler Selbstverwaltung, wurden Opfer der „Konsolidierungspolitik". Durch die steigenden Sozialausgaben der Arbeitslosigkeit fehlten den Kommunen, die unter dem Strukturwandel am meisten zu leiden hatten, oft die notwendigen Finanzen für eine zukunftsorientierte Strukturverbesserung.

## 2. Die Haushaltsgrundsätze

a) Die gemeindliche Aufgabenerfüllung muß auf Dauer gewährleistet werden. Der Forderung nach einer *stetigen Aufgabenerfüllung* dient insbesondere das Instrument der Finanzplanung, mit der die finanzpolitische Entwicklung einer Gemeinde über einen vierjährigen Zeitraum geplant werden soll.

b) Da die Gemeinden rund zwei Drittel aller öffentlichen Investitionsausgaben tätigen, wird von ihnen ein *konjunkturgerechtes* Verhalten erwartet. Eine volkswirtschaftliche Lenkung der kommunalen Investitionstätigkeit nach der jeweiligen gesamtwirtschaftlichen Situation ist jedoch sehr problematisch, weil ein antizyklisches Ausgabenverhalten der Gemeinden dem Grundsatz der Stetigkeit geradezu widersprechen würde.

Auch verhindert das bürokratische staatliche Zuschußwesen ein zeitgerechtes Investitionsverhalten. Ein der Konjunktur gegenläufiges Ausgabeverhalten könnte nur durch die kommunale Rücklagenbildung und -auflösung erfolgen. Ansatzpunkte für eine entsprechende Steuerung durch Bund und Länder sind durch den Genehmigungsvorbehalt der Kreditaufnahme und durch die Steuerung der Investitionszuschüsse gegeben.

c) Der *Haushaltsausgleich* gehört zu den wesentlichen Grundsätzen. Durch ihn wird gefordert, daß für jedes einzelne Jahr die Summen der Einnahmen und der Ausgaben ausgeglichen sein müssen. Haushaltslücken dürfen nur im Vermögenshaushalt durch Kredite ausgeglichen werden, weil hier der Kapitalaufnahme reale Vermögenswerte gegenüberstehen. In den letzten Jahren sind bereits viele Gemeinden aus Finanznot dazu übergegangen, mehrjährige *Haushaltssicherungskonzepte* zu verabschieden, wenn der jährliche Haushaltsausgleich nicht erreicht werden kann. Diese Konzepte begrenzen die Ausgaben so lange, bis der Haushaltsausgleich wiederhergestellt werden kann.

d) Die Gebote der *Sparsamkeit* und der *Wirtschaftlichkeit* sind gleichwertig und von der Gemeinde bei jeder haushaltswirtschaftlichen Maßnahme zu berücksichtigen. Sparsam ist die Haushaltswirtschaft dann, wenn entsprechend zu den Ausgaben auch die dazugehörigen Einnahmen in vertretbarer und gebotener Weise herangezogen werden. Unter Wirtschaftlichkeit wird nicht die billigste Möglichkeit verstanden, sondern das sachgerechte Verhältnis zwischen Aufwand und Nutzen der gemeindlichen Tätigkeit.

e) Der Grundsatz der *Haushaltswahrheit* und *Haushaltsklarheit* dient der wirksamen Kontrolle des Haushaltsplans. Entsprechend diesem Grundsatz müssen alle einzelnen Haushaltsansätze genau berechnet oder doch zumindest sorgfältig geschätzt werden. Damit soll erreicht werden, daß im Haushaltsplan möglichst exakt die zu erwartenden Einnahmen und Ausgaben wiedergegeben werden (Kassenwirksamkeitsprinzip).

Verhindert werden somit überhöhte Ausgabenansätze zur Bildung stiller Reserven oder eine Zusammenfassung von Positionen, was die Informations- und Kontrollmöglichkeit einschränken würde. Der Haushaltswahrheit dienen weitere konkretisierende Veranschlagungsgrundsätze, der Haushaltsklarheit der Vorbericht zum Haushalt, die Erläuterung einzelner Ansätze, die einheitliche Gliederung sowie das Beifügen von Anlagen zum Haushaltsplan.

## 3. Der Haushalt in der Beratung

a) Weil der Haushaltsplan vom 1. Januar an für das Haushaltsjahr gilt, soll er bereits vor der Jahreswende verabschiedet sein. Aber weit vorher beginnen bereits die Vorbereitungen. Schon vor der Sommerpause erfragt der Kämmerer von den jeweiligen Dezernaten und Ämtern den erwarteten Haushaltsbedarf für das kommende Jahr. Nach der Sommerpause werden dann diese Bedarfe aufeinander abgestimmt und der *Haushaltsplanentwurf* vom Kämmerer aufgestellt und vom Verwaltungschef festgestellt.

Dieser Entwurf wird in die Gemeindevertretung eingebracht

und dann in den jeweiligen Fachausschüssen *beraten*, bevor er von der Gemeindevertretung nach einer Haushaltsdebatte *verabschiedet* wird.

Der weitere Weg führt zur *Kommunalaufsicht*, die bei einem ausgeglichenen Haushalt die Kreditaufnahme genehmigen muß. Durch diese *Genehmigungspflicht* kann die Behörde einer zukünftigen überhöhten Verschuldung entgegenwirken. Kann jedoch der Haushaltsplan in seinen Einnahmen und Ausgaben nicht ausgeglichen werden, so ist die Aufsichtsbehörde befugt, Auflagen zu erlassen, um höhere Einnahmequellen auszuschöpfen und bestimmte Ausgaben zu vermeiden. Nach der ortsüblichen *öffentlichen Bekanntmachung* der Haushaltssatzung und der *Offenlegung* des Haushaltsplans kann der genehmigte Haushalt in Kraft treten.

b) Die *Haushaltssatzung* ist das von der Gemeindevertretung zu *beschließende* Kernstück des Haushaltsplans. In ihr sind die *Eckdaten* der örtlichen Finanzwirtschaft zusammengefaßt: Die globalen Einnahme- und Ausgabesummen des Verwaltungs- und Vermögenshaushalts setzen das *Haushaltsvolumen* fest und machen damit den gesamten Haushaltsplan verbindlich.

Die *Kreditermächtigung* setzt den Rahmen der vorgesehenen Kreditaufnahme. Die vorgesehenen *Ermächtigungen* zum Eingehen von Verpflichtungen (Verträgen) über das Kalenderjahr hinaus belasten die Folgejahre. Der ausgewiesene Höchstbetrag für *Kassenkredite* (Überbrückungskredite) gibt der Verwaltung einen Handlungsspielraum, wenn kurzfristig keine anderen Mittel zur Verfügung stehen.

Die Steuerhebesätze für die Grundsteuern A und B sowie die Gewerbesteuer müssen in der Satzung verankert sein. In der Haushaltssatzung des Landkreises ist statt dessen die Höhe der Kreisumlage festzusetzen.

---

*HAUSHALTSSATZUNG*
1. Haushaltsplan
2. Kreditermächtigung
3. Verpflichtungsermächtigungen
4. Kassenkredite
5. Steuerhebesätze

---

c) Bei der Ausführung des Haushaltsplans zeigt es sich, daß immer wieder *Abweichungen* vom beschlossenen Haushalt vorkommen. *Überplanmäßige Ausgaben* treten dann auf, wenn die für einen bestimmten Zweck vorgesehenen Ansätze im Haushaltsjahr nicht ausreichen. Überplanmäßige Ausgaben sind nur zulässig, wenn sie unvorhergesehen und unabweisbar sind und ihre Deckung im laufenden Haushaltsjahr gewährleistet ist. Die Deckung dieser Ausgaben kann aus Einsparungen anderer Haushaltsansätze erfolgen oder aus einer besonders für diesen Fall eingerichteten *Deckungsreserve*. Die Reserve gilt nur für den Verwaltungshaushalt, wobei überplanmäßige Ausgaben in erheblichem Umfang die Zustimmung der Gemeindevertretung erfordern.

*Außerplanmäßige Ausgaben* sind unvorhergesehene Ausgaben, die deshalb nicht im Haushaltsplan veranschlagt sind. Die Deckung der Ausgaben muß aus dem laufenden Haushaltsjahr gewährleistet und die Maßnahme so dringend sein, daß sie nicht bis zur Verabschiedung eines Nachtragshaushaltes zurückgestellt werden kann (z. B. Brand in einer Schule). Bei Ausgaben in erheblichem Umfang ist die vorherige *Zustimmung* der Gemeindevertretung notwendig.

d) Ein *Nachtragshaushalt* ist immer dann notwendig, wenn sich während des Haushaltsjahres herausstellt, daß es erhebliche Abweichungen vom Haushaltsplan gibt. Dies ist insbesondere der Fall, wenn ein erheblicher Fehlbetrag entsteht oder wenn es personelle Veränderungen im Stellenplan gibt. Der Erlaß einer Nachtragssatzung entspricht dem Verfahren für das Zustandekommen der Haushaltssatzung.

e) Die Kontrolle der Haushaltswirtschaft erfolgt vor allem über die *Jahresrechnung*. Sie gibt das Ergebnis der Haushaltswirtschaft einschließlich des Standes der Schulden zu Beginn und am Ende des Haushaltsjahres wieder. Die Jahresrechnung muß innerhalb von 3 Monaten nach Abschluß des Haushaltsjahres von der Verwaltung aufgestellt werden. Sie wird vom Rechnungsprüfungsamt geprüft und mit einem Schlußbericht der Gemeindevertretung zur Beschlußfassung vorgelegt. Mit der Beschlußfassung über die geprüfte Jahresrechnung erkennt die Gemeindevertretung die vorgelegte Jahresrechnung an und entscheidet über die Entlastung des Hauptverwaltungsbeamten bzw. des Gemeindevorstands.

## 4. Gliederung und Anlagen des Haushaltsplans

Ohne eine systematische und gleichartige Gliederung könnten die Haushalte der Gemeinden nicht verglichen werden. Zum besseren Verständnis jeder *einzelnen Position* des Planjahres ist ihr auch die entsprechende Planzahl des Vorjahres (*„Soll"*) und das tatsächliche Rechnungsergebnis (*„Ist"*) des vorvergangenen Jahres zum Vergleich mit beigegeben. Daraus kann auch der Laie *Veränderungen* erkennen und hinterfragen. Da einige Positionen erklärungsbedürftig sind, wird eine gute Verwaltung die „Erläuterungen" beifügen.

Neben den informierenden Angaben über die Positionen der Vorjahre muß der Haushaltsplan bei jeder Ausgabeposition eine etwaige *Verpflichtungsermächtigung* angeben. Dabei handelt es sich um eine Ermächtigung an die Verwaltung, Verpflichtungen (Auftragsvergaben) für Investitionsausgaben einzugehen, die aus Mitteln späterer Haushaltsjahre abgedeckt werden. Da sich Investitionen oft über Jahre hinziehen, sagen die Verpflichtungsermächtigungen etwas darüber aus, wieviel Kapitalbedarf in den kommenden Jahren die Gemeinde durch bereits getroffene Verträge festgelegt hat. Da Verpflichtungsermächtigungen den Spielraum der Haushaltswirtschaft in den künftigen Jahren einengen, muß ihre Höhe in der *Haushaltssatzung* ausgewiesen sein. Auch müssen sie in einer Anlage aufgelistet werden.

a) *Verwaltungshaushalt – Vermögenshaushalt*

Vom Umfang her erkennt man eine grobe Gliederung des Haushaltsplans in die beiden Teile „Verwaltungshaushalt" und „Vermögenshaushalt". Diese Gliederung verdeutlicht die Unterscheidung zwischen den laufenden, also regelmäßig *wiederkehrenden Belastungen* (Verwaltungshaushalt) und den *einmaligen Ausgaben für Investitionen* (Vermögenshaushalt). Alle Ausgaben für den laufenden Verwaltungsbetrieb gehören also in den Verwaltungshaushalt, vor allem Personalkosten, die Kosten für Betrieb und Einrichtung der Verwaltungsgebäude, Sozialleistungen, aber auch alle Einnahmen der Gemeinde wie Steuern, Gebühren und allgemeine Zuweisungen des Landes.

---

### DER HAUSHALTSPLAN
wird in 2 Teilhaushalte unterteilt

**Verwaltungshaushalt**

laufende, jedes Jahr
wiederkehrende Einnahmen
und Ausgaben

**Vermögenshaushalt**

Investitionen
Bauausgaben
Kredite

beide Teilhaushalte werden jeweils
in 10 Einzelpläne unterteilt

0 Allgemeine Verwaltung
1 Öffentliche Sicherheit und Ordnung
2 Schulen
3 Wissenschaft, Forschung, Kulturpflege
4 Soziale Sicherung
5 Gesundheit, Sport, Erholung
6 Bau- und Wohnungswesen, Verkehr
7 Öffentliche Einrichtungen
8 Wirtschaftliche Unternehmen,
   allgemeines Grund- und Sondervermögen
9 Allgemeine Finanzwirtschaft

Diese Einzelpläne (z B. 2 Schulen) sind wiederum in Abschnitte (z. B. 2.1 Grundschulen) und Unterabschnitte (z. B. 2.1.1 Fritz Rau-Grundschule) zu gliedern.

---

In den Vermögenshaushalt gehören alle Positionen, die den Erwerb bzw. den Verkauf von Anlagevermögen betreffen, Kreditaufnahmen und -tilgungen, Investitionszuschüsse, Rücklagenbildungen und -entnahmen.

Verwaltungs- und Vermögenshaushalt sind jeder für sich in *Einnahmen und Ausgaben auszugleichen. Dabei hat die Ge-*

*meinde darauf zu achten, daß aus dem Verwaltungshaushalt ein Überschuß erwirtschaftet wird, der als Zuführung zum Vermögenshaushalt* zumindest die Kreditbeschaffungskosten und die ordentliche Tilgung decken sollte. Diese Zuführung soll ferner die Ansammlung von Rücklagen ermöglichen und insgesamt mindestens so hoch sein wie die aus speziellen Entgelten gedeckten Abschreibungen.

Wenn jedoch die laufenden Einnahmen nicht zur Deckung der laufenden Ausgaben ausreichen und zum Haushaltsausgleich nur der Verkauf von Vermögenswerten oder die Entnahme aus Rücklagen herangezogen werden kann, ist es in Ausnahmefällen möglich, auch eine umgekehrte Übertragung vom Vermögenshaushalt in den Verwaltungshaushalt durchzuführen.

b) Der *Gesamtplan* als Bestandteil des Haushaltsplanes enthält:
   - eine Zusammenfassung der Einnahmen, Ausgaben und Verpflichtungsermächtigungen der jeweiligen Einzelpläne des Verwaltungshaushalts und des Vermögenshaushalts;
   - eine Übersicht über die Einnahmen, Ausgaben und Verpflichtungsermächtigungen, geordnet nach Aufgabenbereichen und Arten (sogenannter Haushaltsquerschnitt);
   - eine Übersicht über die Einnahmen und Ausgaben, geordnet nach Arten (Gruppierungsübersicht, um den Aufwand für die einzelnen Aufgabenbereiche deutlich zu machen);
   - eine Finanzierungsübersicht.

Die Darstellungsart im Gesamtplan dient der Beurteilung, ob und wieweit Umschichtungen zwischen den Einzelplänen möglich sind, inwieweit die Kostenarten über die spezifischen Einnahmen gedeckt werden oder z. B. welche Aussagen aus den bereinigten Finanzierungssaldos zu treffen sind.

c) *Sammelnachweise* sind nur im Verwaltungshaushalt zulässig. Zusammengefaßt werden nur Ausgaben, die eng miteinander in Verbindung stehen, so beispielsweise Personalausgaben im Sammelnachweis 1 und sächliche Verwaltungs- und Betriebsausgaben im Sammelnachweis 2. Eine derartige Zusammenfassung über den gesamten Verwaltungsbereich macht die so erfaßten Einnahmen und Ausgaben nicht nur

*Abbildung 18:* Gliederung und Anlagen eines Haushaltsplans

| |
|---|
| **Haushaltssatzung** |
| Vorbericht |
| Tabellen, Statistiken, Vermerke |
| Gesamtplan |
| **Verwaltungshaushalt** |
| Sammelnachweise |
| **Vermögenshaushalt** |
| Stellenplan |
| Übersicht über Verpflichtungsermächtigungen |
| Finanzplan für 4 Jahre |
| Investitionsprogramm |
| **Haushaltspläne von Eigenbetrieben** |

überschaubarer, sie sind sich auch wesentlich leichter zu bewirtschaften, da sie *gegenseitig deckungsfähig* sind. Dies bedeutet, daß Kostenveränderungen bei einzelnen Personalstellen miteinander ausgeglichen werden können oder daß z. B. erhöhte Heizkosten in einer Schule durch niedrigere Heizkosten in einem Kindergarten ausgeglichen werden können.

d) Der *Stellenplan* ist die Grundlage für Einstellungen und Beförderungen der gemeindlichen Beamten, Angestellten und Arbeiter. Es gibt jedoch keine Verpflichtung, die im Stellenplan ausgewiesenen Stellen zu besetzen, sondern Stellenpläne sind eine Ermächtigung für die Verwaltungsspitze, entsprechend zu verfahren. Die Aufstellung des Stellenplans erfolgt in den Gemeinden nicht willkürlich, sondern richtet sich nach einem von der kommunalen Gemeinschaftsstelle für Verwaltungsvereinfachung (KGSt) erarbeiteten *Stellenkegel*, der sich an der Gemeindegröße orientiert.

Stellen, die in den folgenden Haushaltsjahren voraussichtlich nicht mehr besetzt werden sollen, erhalten den *Vermerk* „Künftig wegfallend" (Kw-Vermerk). Einen Ku-Vermerk (Künftig umzuwandeln) erhalten diejenigen Stellen, die in eine niedrigere Besoldungsgruppe verändert werden sollen. Die Gemeindevertretung kann für eine bestimmte Frist oder generell eine sogenannte *Stellenbesetzungssperre* erlassen.

## 5. Die kommunalen Einnahmen

### a) Steuern

Steuern können nur auf der Grundlage des Gesetzes und unabhängig von einer speziellen Gegenleistung durch die Gemeinde erhoben werden. Den Gemeinden stehen neben den örtlichen Verbrauchs- und Aufwandssteuern (z. B. Vergnügungssteuer, Jagdsteuer, Hundesteuer) das Aufkommen der sogenannten *Realsteuern*, das sind die Grundsteuern A und B sowie die Gewerbesteuer, als wichtigste Steuerquelle zu. Darüber hinaus erhalten die Gemeinden einen Anteil an dem Aufkommen der Einkommensteuer einschließlich der Lohnsteuer. Diesen Anteil an einer Bundes- und Landessteuer erhalten die Kommunen, damit sie konjunkturunabhängiger arbeiten können. Als Ausgleich dafür müssen sie von ihrer Gewerbesteuer einen Teil als Gewerbesteuerumlage an den Staat abführen. Da durch das Steueränderungsgesetz 1992 die Demontage der kommunalen Gewerbesteuer weiter fortgesetzt wurde, fordern die Kommunen die Beteiligung an der Mehrwertsteuer des Bundes als Ausgleich. Die Steuern tragen mit rund einem Drittel zur kommunalen Finanzierung bei. Die Steuerkraft ist jedoch von Gemeinde zu Gemeinde sehr unterschiedlich.

## Die Realsteuern

Grundsteuer und Gewerbesteuer heißen Realsteuern, weil der Besteuerung ein reales Objekt (Grundstück oder Betrieb) zugrundeliegt. Die Bemessungsgrundlagen (z. B. Einheitswert) sowie die darauf anzuwendende Steuermeßzahl werden bundeseinheitlich festgelegt. Der mit der Steuermeßzahl multiplizierte Einheitswert ergibt den Steuermeßbetrag, der der Gemeinde vom Finanzamt mitgeteilt wird. Die kommunale Freiheit, Realsteuern auszuschöpfen, besteht darin, einen *Hebesatz* zu beschließen, mit dem der Steuermeßbetrag multipliziert wird. Dieses *Hebesatzrecht* findet in der Praxis seine Grenzen durch die Rücksichtnahme auf die Belastbarkeit der örtlichen Steuerzahler.

## Die Grundsteuern

Die Grundsteuern werden getrennt erhoben nach Grundsteuer A (A = Acker) für land- und fortwirtschaftliche Betriebe und Grundsteuer B (B = Baugebiet) für die übrigen bebauten und unbebauten Grundstücke. Da die Grundsteuer sich nach den vom Finanzamt festgelegten Einheitswerten orientiert, die weit unter dem Verkehrswert liegen, zu dem der Grundbesitz veräußert werden kann, handelt es sich bei der Grundsteuer um ein konstantes, allerdings relativ geringes Aufkommen. Wegen der Überwälzbarkeit der Grundsteuer B auf die Mieten kann aber auch nicht einfach der Erhöhung der Grundsteuer *das Wort geredet werden.*

*Beispiel zur Berechnung der Grundsteuer B:*
Einfamilienhaus mit Einheitswert 60 000 DM.
1. Das Finanzamt setzt den Grundsteuermeßbescheid fest.

| Einheitswert | × Steuermeßzahl | = Steuermeßbetrag |
|---|---|---|
| 60 000 | × 2,6 v. T. | = 156 DM |

2. Die Gemeinde setzt den Grundsteuerbescheid fest.

| Steuermeßbetrag | × Hebesatz | = Steuerschuld |
|---|---|---|
| 156 | × 290 v. H. | = 452,40 DM |

*Abbildung 19:* Einnahmen und Ausgaben 1997 in %*

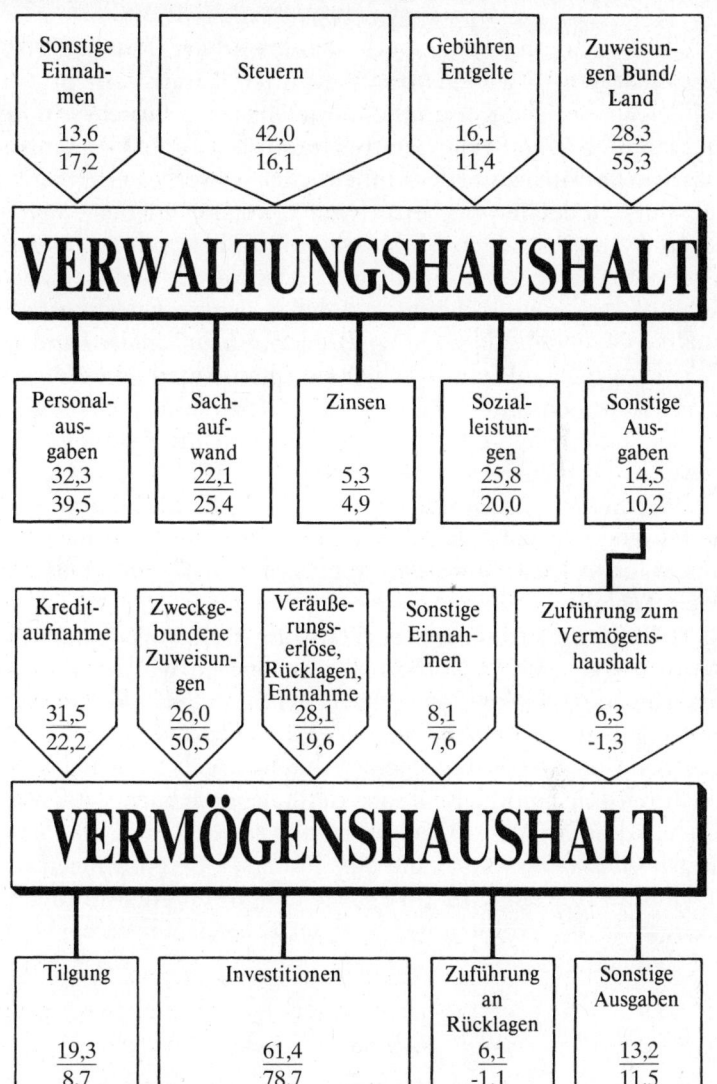

* Obere Zahlenwerte in den Feldern: alte Bundesländer 1997;
unten: neue Bundesländer 1997 (Schätzung)     Zahlen: Deutscher Städtetag 1997

Bei der Berechnung der Gewerbesteuer wird der *Gewerbeertrag* zugrundegelegt. Das Finanzamt ermittelt daraus den Steuermeßbetrag, der der Kommune mitgeteilt wird. Besteht ein Betrieb aus mehreren Betriebsstätten in verschiedenen Gemeinden, so zerlegt das Finanzamt den einheitlichen Gewerbesteuermeßbetrag und teilt den jeweils betroffenen Gemeinden einen entsprechenden Anteil zu. Den Meßbetrag multipliziert die Gemeinde mit ihrem Gewerbesteuerhebesatz und ermittelt so die einzelne Gewerbesteuerschuld. Einen Teil der gesamten Gewerbesteuer muß die Gemeinde als *„Gewerbesteuerumlage"* an das Land abführen. Als Gegenleistung erhält sie einen Anteil an der Lohn- und Einkommensteuer. Damit wird die Kommune unabhängiger von der steuerlichen Leistungsfähigkeit der Unternehmen.

Aufgrund mehrfach angehobener Freibeträge ist die Gewerbesteuer heute eine Großbetriebsteuer. Dadurch kommt es zu großen Unterschieden bei der Steuerkraft der Kommunen und zu starken Aufkommensschwankungen von Jahr zu Jahr. Bei diesen Fehlentwicklungen sollten Reformen ansetzen. Gleichzeitig ist die geringe Zahl der Steuerpflichtigen ein Ansatzpunkt für diejenigen, die die Gewerbesteuer abschaffen wollen. Die Besteuerung des Objekts „Gewerbebetrieb" spiegelt jedoch die dem Äquivalenzprinzip entsprechende Vorstellung wider, daß die örtlichen Gewerbebetriebe die von ihnen ausgehenden Belastungen durch eine besondere Steuer zu finanzieren haben. Als realistische Alternative zur Gewerbesteuer gilt der Vorschlag einer *„Wertschöpfungssteuer"*, die aus Löhnen, Mieten, Zinsen und Gewinnen ermittelt wird. Ihre Vorteile sind eine Ausweitung des Kreises der Steuerpflichtigen und der Erhalt einer eigenständigen Gemeindesteuer.

### Der Gemeindeanteil an der Einkommensteuer

Für die Kommunen stellt der Gemeindeanteil an der Lohn- und Einkommensteuer eine der wichtigsten Einnahmequellen dar. Insgesamt erhalten die Kommunen 15 Prozent dieser Steuer, die eine Gemeinschaftssteuer von Bund und Ländern darstellt. Der Verteilungsschlüssel auf die Kommunen ist so aufgebaut, daß das Einnahmegefälle zwischen den Gemeinden gemildert wird, da die Schlüsselzahl für die Gemeinde sich aus dem Verhältnis des Sockelaufkommens der Gemeinde zum Sockelaufkommen des Landes bemißt. Dabei werden die Einwohner nur bis zu einem zu versteuernden Einkommen in Höhe von DM 32 000/64 000 (Ledige/Verheiratete) erfaßt. Darüber hinausgehende Einkommen erhöhen die Schlüsselzahl nicht. Auf der Grundlage der Steuerstatistik des Bundes erfolgt die Anpassung der Schlüsselzahlen für die einzelnen Kommunen länderweise im Abstand von jeweils 3 Jahren.

## Finanzzuweisungen/Finanzausgleich

Das Grundgesetz verpflichtet die Länder zum Ausgleich der unterschiedlichen Finanzkraft der Gemeinden. Dieser Ausgleich geschieht durch die zumeist jährlichen Finanzausgleichsgesetze der Länder, die damit die Gemeinden an ihrem Anteil an den Gemeinschaftssteuern beteiligen. Diese „Verbundmasse" umfaßt die Einkommensteuer, die Körperschaftssteuer, die Umsatzsteuer und die Gewerbesteuerumlage. Der kommunale Finanzausgleich zielt darauf ab, die Finanzkraft der Kommunen zu stärken, Einnahmeunterschiede auszugleichen sowie gewünschte Sonderfunktionen finanzierbar zu machen (z. B. zentralörtliche Funktionen). Aus gesamtwirtschaftlichen Überlegungen kann sich auch der Bund über die Länder an besonderen bedeutsamen Investitionen der Kommunen beteiligen (z. B. Strukturhilfen zum Ausbau der Infrastruktur in strukturschwachen Ländern).

Die Verbundquote, der Anteil der Gemeinden an der Finanzausgleichsmasse des Landes, schwankt von Bundesland zu Bundesland beträchtlich. Dies sagt aber noch nichts über die Qualität der jeweiligen Finanzausstattung aus, da auch die Aufgabenzuweisungen an die Kommunen in den einzelnen Ländern stark differieren.

Die Zuweisungsarten des Landes teilen sich auf in Schlüsselzuweisungen, Bedarfszuweisungen und Zweckzuweisungen.

Von besonderer Bedeutung sind dabei die *Schlüsselzuweisungen*, die nicht an bestimmte Aufgaben gebunden und damit frei verfügbar sind. Ihre Verteilung richtet sich im wesentlichen nach der Einwohnerzahl der Gemeinde und ihren besonderen Belastungen (z. B. Schulen).

Als Ausgleich für unvermeidliche Haushaltsfehlbeträge und gegenüber Härten bei der Verteilung der Schlüsselzuweisungen werden *Bedarfszuweisungen* eingesetzt. Auch sie sind nicht zweckgebunden, setzen allerdings voraus, daß insbesondere die übrigen Einnahmequellen vor Ort ausgeschöpft werden. Die *Zweckzuweisungen* sind an besondere Aufgabenerledigungen gebunden. Die Gemeinde darf diese Mittel nur für den vom Land vorgegebenen oder auf Antrag genehmigten Zweck einsetzen. Neben die *Kostenerstattung* für staatliche Auftragsangelegenheiten treten insbesondere *Zuweisungen für Investitionen*. Bei letzterem zeigt sich die Problematik dieser Zweckzuweisungen besonders, da oft die Kommunen kaum noch am Entscheidungsprozeß der Investitionen beteiligt werden und auch die Folgekosten eine ungenügende Berücksichtigung finden.

## Örtliche Aufwands- und Verbrauchssteuern

Nach Artikel 106 Abs. 6 GG gibt es eine Reihe kleinerer Kommunalsteuern, für die die Gemeinden das Recht der Erschließung haben. Diese *„Bagatell-Steuern"* (z. B. Vergnügungs-, Hunde-, Getränke-, Zweitwohnungs-, Jagd- und Fischereisteuern) sind weitgehend bedeutungslos. Angesichts der Finanzkrise der Gemeinden versuchen findige Kämmerer jedoch, das den Gemeinden übertragene sogenannte Steuerfindungsrecht wiederzubeleben (z. B. durch die Einführung von Getränkesteuern, Zweitwohnungssteuer). Allerdings können örtliche Steuern nur aufgrund einer Satzung erhoben werden, die durch die Kommunalaufsicht genehmigt werden muß. Außerdem gibt es zahlreiche rechtliche Einschränkungen.

*Abbildung 20:* Kostendeckungsgrade städtischer Gebühren-
haushalte 1987

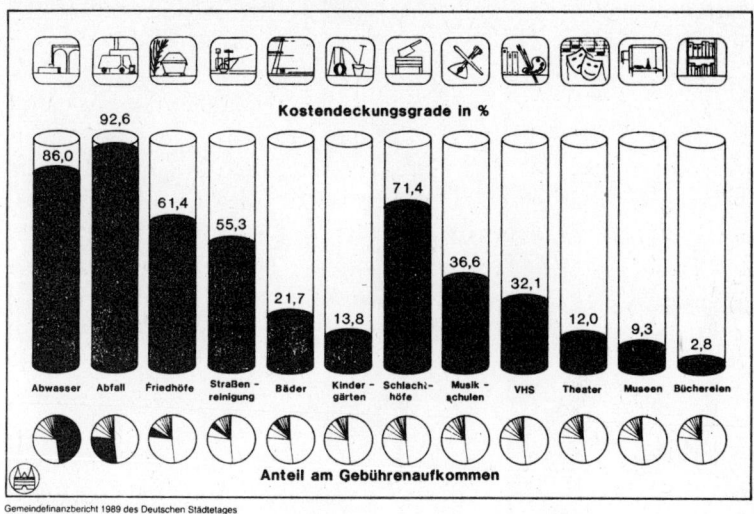

Gemeindefinanzbericht 1989 des Deutschen Städtetages

b) Gebühren und Beiträge

Gebühren und Beiträge werden durch *Satzungen* der Gemeinde
erhoben, die den Kommunalabgabengesetzen der Länder entsprechen müssen. Die Kommunen sollen sich ihre Leistungen
durch spezielle Entgelte, soweit vertretbar, bezahlen lassen. Gebühren und Beiträge knüpfen also an öffentliche Einzelleistungen an und sind deshalb „Abgaben mit Anspruch auf Gegenleistung". *Gebühren* werden für besondere Amtshandlungen der
Verwaltung (Verwaltungsgebühr) erhoben oder für die Inanspruchnahme öffentlicher Einrichtungen (Benutzungsgebüh-
ren) wie z. B. Müllabfuhr, Straßenreinigung, Abwasserbeseiti-
gung. Die Höhe der Gebühren soll sich am *Kostendeckungsprin-
zip* orientieren. Allerdings ist der realisierte Kostendeckungs-
grad bei den einzelnen Gebührenhaushalten aufgrund admini-
strativer, rechtlicher, wirtschaftlicher und auch politischer Grenzen recht unterschiedlich. Gebührenüberschüsse dürfen nicht
zur Haushaltsdeckung erwirtschaftet werden.

*Abbildung 21:* Kommunale Einnahmen in West und Ost 1996

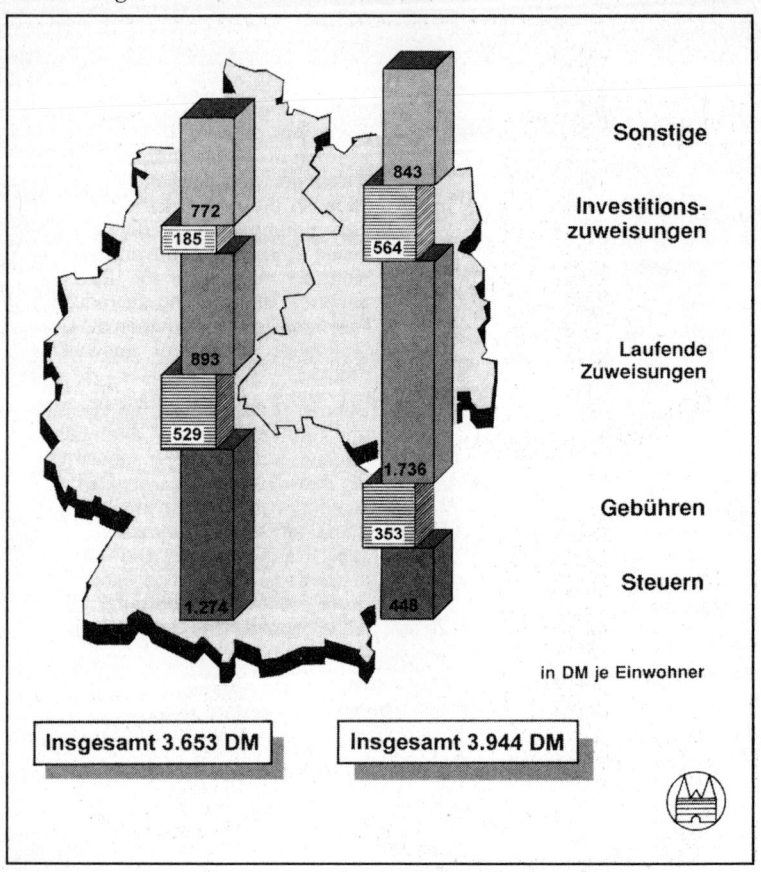

Gemeindefinanzbericht 1997 des Deutschen Städtetages

*Abbildung 22:* Gemeindesteuern im West-Ost-Vergleich*

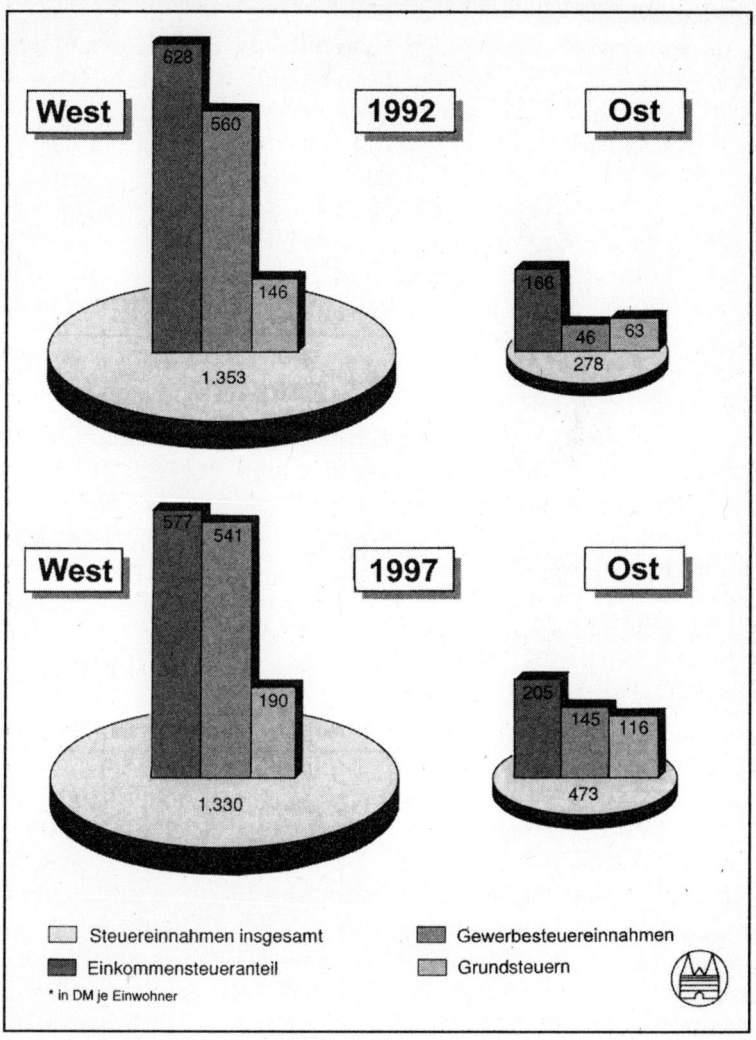

West  1992  Ost

628
560
146
1.353

166
46  63
278

West  1997  Ost

577  541
190
1.330

205
145  116
473

☐ Steuereinnahmen insgesamt    ■ Gewerbesteuereinnahmen
■ Einkommensteueranteil        ☐ Grundsteuern
* in DM je Einwohner

Gemeindefinanzbericht 1997 des Deutschen Städtetages

*Beiträge* sind einmalige Geldleistungen, die für die Herstellung, Anschaffung und Erweiterung öffentlicher Einrichtungen und Anlagen erhoben werden. Gemeint sind damit insbesondere die *Anliegerbeiträge* für die Erschließung von Grundstücken durch die Herstellung von Straßen und Versorgungs- und Entsorgungseinrichtungen. Während eine Gebühr an die tatsächliche Nutzung (Besuch eines Theaters oder Hallenbades) gebunden ist, können Beiträge demgegenüber auch dann eingefordert werden, wenn die Möglichkeit dazu und der dabei unterstellte wirtschaftliche Vorteil gegeben sind. Beiträge sind spezielle Deckungsmittel und dürfen nur für die entsprechenden Baumaßnahmen verwendet werden.

Der Ersatz von Steuereinnahmen durch Gebühren und Beiträge stößt dort an *Grenzen*, wo erwartete Einnahmen im kulturellen und sozialen Bereich zum Rückgang der Nutzung führen oder politisch nicht mehr durchsetzbar sind. Dies gilt insbesondere dann, wenn Gebühren- und Beitragssteigerungen, z. B. in den Bereichen Büchereien, Volkshochschulen usw., sozial diskriminierend wirken.

c) Die Verschuldung

Ausgaben des Verwaltungshaushalts dürfen grundsätzlich nicht durch Kreditaufnahmen finanziert werden. Damit beschränkt sich die Kreditaufnahme auf den Bereich der Investitionen und Investitionsförderungsmaßnahmen im Vermögenshaushalt. Kredite werden jedoch nicht für einzelne Baumaßnahmen aufgenommen, sondern sind Teil der Gesamtdeckung der Ausgaben. Im Gegensatz zu Bund und Ländern tragen Kredite auf kommunaler Ebene nur einen sehr geringen Teil zur Finanzierung der Haushalte bei. Dies ist auf die Bremsmechanismen bei der Neuverschuldung im kommunalen Haushaltsrecht zurückzuführen. Kommunen müssen sich ihr Kreditvolumen jährlich genehmigen lassen.

Kredite dürfen nur bis zu der Höhe aufgenommen werden, in welcher der gesamte Schuldendienst (Zinsen und Tilgung) aus Einnahmen des Verwaltungshaushalts geleistet werden kann.

*Abbildung 23:* Auf und Ab der kommunalen Investitionen

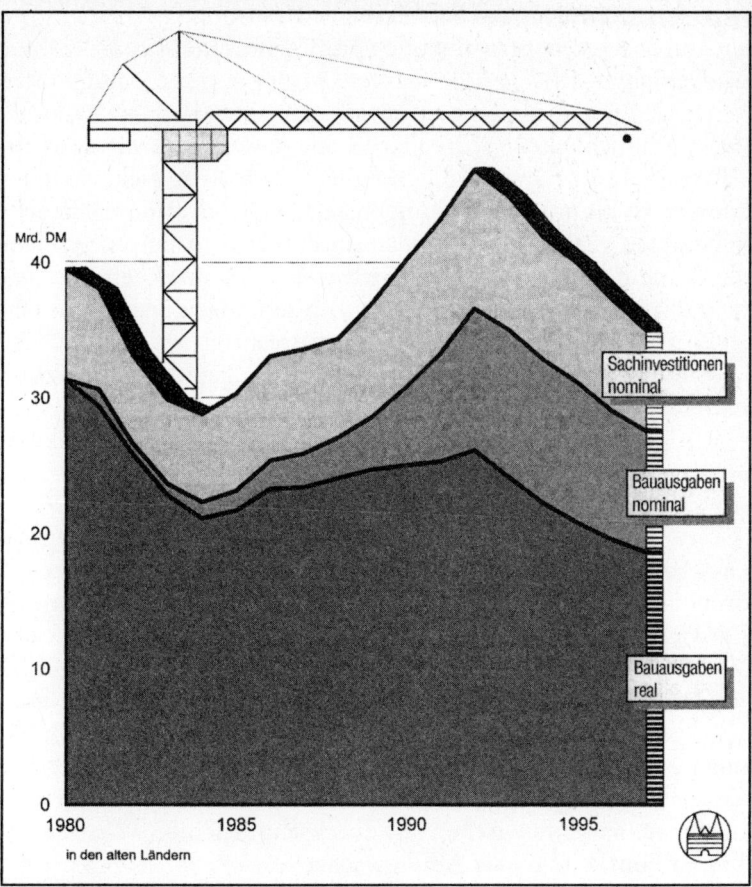

Gemeindefinanzbericht 1997 des Deutschen Städtetages

Dabei werden die Zinsen im Einzelplan 9 des Verwaltungshaushalts ausgewiesen und die Tilgung im Vermögenshaushalt. Sie soll durch die Pflichtzuführung vom Verwaltungs- zum Vermögenshaushalt sichergestellt werden. Es gibt also keine festgelegte Verschuldungsgrenze für die jeweilige Kommune. Die Verschuldungsmöglichkeiten richten sich nach der Steuerkraft. Finanzschwache Kommunen müssen daher durch Ausgabekürzungen oder durch Einnahmeerhöhungen bei Gebühren und Realsteuerhebesätzen reagieren. Besonders in den letzten Jahren wurden die Gemeinden gezwungen, ihre Rücklagen aufzulösen und Gemeindeeigentum (Grundstücke, Bürgerhäuser, Aktienanteile usw.) zu verkaufen. Langfristig beeinträchtigt der Verkauf des kommunalen „Tafelsilbers" die flexible Handlungsfähigkeit bzw. die politische Einflußnahme.

## 6. Die Ausgaben

Die Aufgabenerfüllung der kommunalen Selbstverwaltung ist immer mit Ausgaben verbunden. Deshalb ist es interessant, die Entwicklung der großen Ausgabenblöcke zu beobachten, um Verschiebungen bei den Aufgaben festzustellen.

Der starke *Anstieg bei den sozialen Leistungen* war der herausragende Trend der zurückliegenden Jahre. Die Ausgaben für soziale Leistungen mußten mehr als verdoppelt werden. Damit hat sich ihr Anteil an den Gesamtausgaben kommunaler Verwaltungshaushalte inzwischen auf durchschnittlich 23,4 Prozent in 1992 erhöht, und dieser Anteil wächst.

Neben der außerordentlichen Sozialhilfelast der Städte aufgrund der hohen Arbeitslosigkeit ergibt sich für die Zukunft ein neuer Bedarf an Sozialhilfeaufwand für die Pflege alter Menschen. Wegen der wachsenden Altersstruktur der Bevölkerung ist deshalb die staatliche Absicherung des Pflegefallrisikos von besonderer Bedeutung.

Das zweite herausragende Merkmal der Ausgabenentwicklung war das *Absacken der Investitionsquote* in den frühen 80er Jahren. Hier wurde erst 1990 das Niveau von 1980 wieder erreicht (vgl. Abb. 23). Der durchschnittliche Anteil der Sachinvestitionen an den Kommunalhaushalten ist daher gesunken. Durch den Nachholbedarf an kommunalen Infrastrukturinvestitionen in den neuen Bundesländern ist ein Anstieg zu erwarten. In den Alt-Bundesländern hat es eine deutliche Bedarfsentspannung (z. B. Schulen) gegeben. Allerdings wird dies inzwischen kompensiert durch erheblichen *Modernisierungs-, Sanierungs- und Ersatzbeschaffungsbedarf* sowie neue *Investitionserfordernisse im Umweltschutzbereich.*

In den alten Bundesländern nehmen die Personalausgaben weiterhin als fester Block rund ein Drittel der Kommunalhaushalte in Anspruch. In den neuen Bundesländern umfassen die Personalausgaben noch 40 Prozent der Ausgaben des Verwaltungshaushalts. Durch die rechtliche Festlegung von Leistungen, die mit Personalaufwand verbunden sind, aber auch die Abhängigkeit von Tarifabschlüssen im öffentlichen Dienst, steht dieser Ausgabenbereich nur in sehr geringem Maße in der Disposition der Gemeinden. Deshalb unterliegt die Ausweisung neuer Stellen der besonderen Prüfung.

Wie die Personalquote, so hat sich auch der Anteil des laufenden *Sachaufwandes* in den kommunalen Haushalten nur leicht gesenkt und liegt heute in den alten Bundesländern bei 22 Prozent, in den neuen Bundesländern bei 25,4 Prozent.

Durch die steigenden Zinsausgaben dürfte die Phase der rückläufigen durchschnittlichen Zinsausgabenquote beendet sein. In den 80er Jahren hat es ein überdurchschnittliches Wachstum der *Kulturausgaben* (z. B. Volkshochschulen, Musikschulen, Theater, Konzerte, Büchereien, Museen) gegeben. Ihr Anteil an den Ausgaben liegt jetzt bei rund 3 Prozent.

Der leicht rückläufige Trend bei den Ausgaben der *wirtschaftlichen Unternehmen* ist wenig aussagekräftig, da die Kommunen außerhalb ihrer Haushalte diese Aufgaben durch kommunale Eigenbetriebe und rechtlich selbständige Wirtschaftsunternehmen für Versorgungs-, Entsorgungs- und Verkehrsaufgaben wahrnehmen.

Ausgabendiskussionen lassen sich bei knappen Finanzen nicht von *Sparüberlegungen* trennen. Deshalb ist bei neuen Aufgaben und Investitionen auch nach den *Folgekosten* zu fragen. Hierzu gehören nicht nur Personal- und Sachausgaben, sondern auch ggf. weitere Kosten durch Umfeldveränderungen, z. B. Verkehrssituationen.

Die Finanzkrise der Städte hat inzwischen ein derartiges Ausmaß angenommen, daß die herkömmlichen Methoden der Finanzwirtschaft nicht ausreichen, um zu ausgeglichenen Haushalten zu kommen. Durch Umbau der Verwaltung sollten Rationalisierungseffekte, d. h. ein Stellenabbau erreicht werden. Eine Reduzierung der Aufgaben und Dienstleistungen soll das Instrument der *Aufgabenkritik* bringen. Dabei wird überprüft, ob die Aufgabe überhaupt noch und – wenn ja – in welchem Umfang sie von der Verwaltung wahrgenommen werden kann bzw. soll.

*Abbildung 24:* Folgekosten öffentlicher Investitionen

| Projekt | Folgekosten in Prozent der Herstellungskosten pro Jahr |
|---|---|
| Verkehrsanlagen | 9,4 – 9,8 |
| Kläranlagen | 19,5 |
| Universitäten | 18,0 – 23,0 |
| Schulen | 31,0 |
| Kindergärten | 31,0 |
| Turn- und Sporthallen | 16,5 |
| Hallenbäder | 20,5 |
| Sportplätze | 13,5 |
| Freibäder | 15,5 |
| Krankenhäuser | 26,0 |

Quelle: Untersuchung des Ministeriums der Finanzen Rheinland-Pfalz

# Kapitel XV
# Grundzüge lokaler Planungen

## 1. Die Politikverflechtung im Planungsrecht

Für die Gestaltung ihres Gebietes ist grundsätzlich die Gemeinde selbst zuständig. Sie setzt fest, welche Grundstücke gewerblich oder landwirtschaftlich genutzt oder zum Wohnen erschlossen werden sollen. Dies tut sie in Form von örtlichen *Satzungen (Flächennutzungsplan, Bebauungspläne)*. Diese Satzungen sind gebunden an die *Genehmigungspflicht* der Aufsichtsbehörden sowie die *Anpassungspflicht* an übergeordnete Planungen. Die Bauleitplanung der Gemeinde muß sich also anpassen an die übergeordnete Kreisentwicklungsplanung, den auf Bezirksebene bestehenden Regionalplan (in NRW: Gebietsentwicklungsplan), auf Landesebene die entsprechenden Landesentwicklungspläne sowie auf Bundesebene das Bundesraumordnungsprogramm. Neben dieser vertikalen Verflechtung der verschiedenen Planungsebenen und des Raumordnungs- und Planungsrechtes besteht auf kommunaler Ebene ein horizontales Nebeneinander verschiedener Bau- und Planungsrechte:

a) *Fachplanungsgesetze* des Bundes und der Länder zur Regelung sektoraler Fachbereiche wie Verkehr, Natur- und Landschaftsschutz, Wasserwirtschaft, Ver- und Entsorgung. Hierzu gehören auch zum Teil eigene Planverfahren wie z. B. Planfeststellungsverfahren für Straßen- und Eisenbahntrassen.

b) Das *Baugesetzbuch (BauGB)* als einheitliches Städtebaurecht der Bundesrepublik Deutschland sowie die *Baunutzungsverordnung (BauNVO)*.

c) Das *Bauordnungsrecht* der Bundesländer (Landesbauordnungen) sowie sonstige baurechtlich relevante Vorschriften in Bundes- und Landesgesetzen (beispielsweise in Umweltschutzgesetzen).

*Abbildung 25:* Planungsverflechtung

| Politische Ebene | Räumliche Planung | Fachplanungen |
|---|---|---|
| **Bund** | Raumordnungsgesetz (ROG), Bundesraumordnungsprogramm (BROP) | z. B. Bundesfernstraßengesetz, Immissionsschutzgesetze |
| **Land** | Landesplanungsgesetze, Landesentwicklungspläne | z. B. Umweltschutzgesetze, Landschaftsplanungen, Flurbereinigung |
| **Regierungsbezirk** | Gebietsentwicklungspläne, Regionalpläne | |
| **Gemeinde/ Stadt** | Stadtentwicklungsplan (StEP) Flächennutzungsplan (FNP) Bebauungspläne (BP) | z. B. Planfeststellungsverfahren, Sportstättenplan, Schulentwicklungsplan usw. |

## 2. Die Stadtentwicklungsplanung

Die Stadtentwicklungsplanung ist eine Querschnittsaufgabe, d. h. eine ämter- und dezernatsübergreifende Arbeit an einem Gesamtkonzept. Während sich frühere Zielvorstellungen einer umfassenden Integration aller räumlichen, fachlichen, finanziellen und personellen Ressourcenplanungen als wenig realistisch erwiesen haben, hat heute die Stadtentwicklungsplanung die Aufgabe, die ablaufenden *Entwicklungstendenzen* zu beobachten, die Bedeutung der Trends für die kommunale Politik zu analysieren und alternative *Entwicklungsperspektiven* für den politischen Entscheidungsprozeß zu formulieren. Dabei können sich Entwicklungsperspektiven auch auf Stadtteile und bestimmte Fachaufgaben beziehen. Stadtentwicklungsplanung wird heute eher als ein flexibler Prozeß ständiger Anpassung an den technologischen und sozioökonomischen Strukturwandel verstanden.

## 3. Die Stadtplanung

Während die Stadtentwicklungsplanung eine Integration der Teilplanungen zum Ziel hat, ist es die etwas bescheidenere Aufgabe der Stadtplanung, die räumliche Nutzung und Gestaltung sowie die öffentlichen und privaten Baumaßnahmen besser zu koordinieren. Um die sozialen, ökonomischen, baulich-räumlichen und ökologischen Qualitäten der örtlichen Lebensbedingungen zu sichern und weiterzuentwickeln, stehen der Stadtplanung verschiedene Instrumente zur Verfügung:
– Durch die *Bauleitplanung* (Flächennutzungsplan und Bebauungspläne) kann festgelegt werden, in welcher Art und Weise die Grundstücke baulich genutzt werden können.
– Durch das *Baugenehmigungsverfahren* kann die Gemeinde die Bautätigkeit kontrollieren und die Verwirklichung ihrer Bauleitpläne überwachen.
– Durch die *kommunale Bodenpolitik* können Grundstücke für öffentliche Bauvorhaben gewonnen und planungstechnisch wichtige Grundstücke mit Auflagen versehen werden.

- Zu den Instrumenten der Stadtplanung gehören auch *öffentliche Investitionen* in die Verkehrserschließung, Energie- und Wasserversorgung, um bestimmte Ansiedlungen zu fördern.
- Zur Realisierung kommunaler Ziele können auch *Anreize* für private Investoren zum Bau bzw. zur Modernisierung von Wohnungen und zur Gewerbeansiedlung dienen.
- Neue *Kooperationsformen* zwischen der Stadt und privaten Investoren („public-private-partnership") ermöglichen größere Wirkungen, als dies einem Partner allein möglich wäre (gezielte Ansiedlungspolitik, Kultur- und Freizeiteinrichtungen usw.).

## 4. Die Bauleitplanung

Die Bauleitplanung vollzieht sich grundsätzlich in zwei Stufen: Zunächst wird in einem streng formalisierten Verfahren ein *Flächennutzungsplan* als vorbereitender Bauleitplan aufgestellt, aus dem dann die *verbindlichen Bebauungspläne* (verbindlicher Bauleitplan) entwickelt werden müssen. Während der Flächennutzungsplan eine Rechtsbindung vor allem für die Gemeinde selbst hat, die mit ihren weiteren Planungen an diese eigene Vorgabe gebunden ist, hat der *Bebauungsplan als Ortsrecht* durch Gemeindesatzung eine Bindewirkung auch für den einzelnen Bürger.

### Der Flächennutzungsplan (FNP)

Die Aufstellung eines Flächennutzungsplans hat einen hohen Stellenwert für die räumliche und städtebauliche Gestaltung. Die Erarbeitung und Diskussion dieser Planungsgrundlage ist regelmäßig Brennpunkt kommunalpolitischer Auseinandersetzungen, an denen auch die Öffentlichkeit regen Anteil nimmt. Was im einzelnen im Flächennutzungsplan dargestellt wird, hängt einerseits von den *städtebaulichen Problemen* der Gemeinde ab, zum anderen aber von ihren *Zielvorstellungen* für eine geordnete Entwicklung.

Der Flächennutzungsplan stellt für das gesamte Gemeindegebiet und für einen längeren Zeitraum die Grundzüge der Bodennutzung nach den städtebaulichen Bedürfnissen dar. Dabei muß sich die Flächennutzungsplanung an diejenigen Vorgaben anpassen, die durch die Ziele der Raumordnung und der Landesplanung vorgegeben sind. Damit setzt der Flächennutzungsplan gleichzeitig *übergeordnete Programme* um.

Die wichtigsten Darstellungsmöglichkeiten im Flächennutzungsplan sind nach § 5 BauGB die für die Bebauung vorgesehenen Flächen. Diese müssen nach der vorgesehenen *Nutzungsart* näher charakterisiert werden. Dabei kann entweder eine grobflächige und relativ unspezifische Darstellung der „Bauflächen" gewählt werden (z. B. Wohnbaufläche, gewerbliche Baufläche). Es kann aber auch eine kleinteiligere Darstellung der „Baugebiete" gewählt werden, die unterscheidet in reine, allgemeine oder besondere Wohngebiete, Dorf-, Misch-, Kern-, Gewerbe-, Industrie-, Kleinsiedlungs- oder Sondergebiete. Welche baulichen Nutzungsarten und Angaben zum Nutzungsmaß im einzelnen möglich sind, ergibt sich aus der *bundeseinheitlich* geltenden *Baunutzungsverordnung.*

Wichtige Flächen für den Verkehr, für Ver- und Entsorgungsanlagen, aber auch für Grünflächen, Sport- und Freizeitflächen sowie Flächen für den Naturschutz usw. können ebenso dargestellt werden wie Einrichtungen des *Gemeinbedarfs*, wie Schulen, Krankenhäuser, Kirchen und Museen. Das Verfahren für die Aufstellung eines Flächennutzungsplans entspricht im wesentlichen dem für die Aufstellung von Bebauungsplänen. Das bedeutet, daß im Verfahren auch die *Träger öffentlicher Belange* (TÖB), z. B. Forstbehörde, Telekom, Energieversorgungsunternehmen usw., beteiligt werden müssen. Der Flächennutzungsplan bindet dann nicht nur die Gemeinde selbst an ihre Planung, sondern auch die anderen öffentlichen Planungsträger.

## Der Bebauungsplan (BP)

Der Bebauungsplan konkretisiert die Darstellungen des FNP und setzt für kleinere räumliche Bereiche *rechtsverbindlich* fest, ob und wie die Grundstücke bebaut werden dürfen. Im Gegensatz zum FNP mit seinen Darstellungen handelt es sich bei den Aussagen des Bebauungsplans um *„Festsetzungen"*. Sein Maßstab ist so zu wählen, daß die Festsetzungen *„parzellenscharf"* gemacht werden können. Ein Bebauungsplan soll immer dann aufgestellt werden, sobald es für die *städtebauliche* Ordnung eines Gebietes erforderlich ist. Deshalb umfaßt der Bebauungsplan nicht nur Bauflächen, sondern auch Flächen für den Gemeinbedarf (z. B. Kindergärten, Schulen), Verkehrsflächen, öffentliche und private Grünflächen und sonstige Flächen. In § 9 Absatz 1 enthält das BauGB einen Katalog von Festsetzungsmöglichkeiten für den Bebauungsplan.

Beschließt die Gemeinde bestimmte Festsetzungen von Art und Maß der baulichen Nutzung, so gelten die Vorschriften der *Baunutzungsverordnung (BauNVO)*, und die Regelungen der BauNVO werden zum Inhalt des Plans. Dabei fassen die einzelnen Gebietstypen der BauNVO jeweils solche Nutzungsarten zusammen, die nach ihrer städtebaulichen Funktion zusammengehören und nach ihrem „Störpotential" miteinander verträglich sind. Die bauliche Ausnutzung eines Grundstücks wird durch verschiedene Maßeinheiten beschrieben:

– Die *Grundflächenzahl (GRZ)* gibt an, wieviel Quadratmeter „Grundfläche" von Gebäuden je Quadratmeter Grundstücksfläche zulässig sind.

– Die *Geschoßflächenzahl (GFZ)* oder die *Baumassenzahl (BMZ)* gibt an, wieviel Quadratmeter Geschoßfläche je Quadratmeter Grundstücksfläche zulässig sind. Die Baumassenzahl dient dem gleichen Zweck wie die GFZ, allerdings für die spezifischen Bedürfnisse von Gewerbe- und Industriegebieten mit ihren meist überdurchschnittlich hohen Hallenkonstruktionen.

– Die Zahl der *Vollgeschosse (Z)*: Mit der Festsetzung der Höchst- oder Mindestzahl oder der festgelegten Anzahl der Vollgeschosse kann auf die vertikale Verteilung der zulässigen Geschoßfläche Einfluß genommen werden.

In jedem Bebauungsplan gibt es Hinweise auf die bauliche Ausnutzbarkeit. Im folgenden ein Beispiel aus einem allgemeinen Wohngebiet (WA):

*Abbildung 26:* Schritte zur Erstellung eines Bebauungsplans

PLANUNGSANSTOSS

ENTWICKLUNG EINES PLANUNGSKONZEPTS

AUFSTELLUNGSBESCHLUSS

EINLADUNG ZUR BÜRGERBETEILIGUNG

PLANUNGSAUSSTELLUNG

BÜRGERVERSAMMLUNG

SCHRIFTLICHE STELLUNGNAHMEN

ANHÖRUNG DER TRÄGER ÖFFENTLICHER BELANGE

ERARBEITUNG DES FÖRMLICHEN PLANENTWURFS

ÖFFENTLICHE AUSLEGUNG DES PLANENTWURFS

ENTSCHEIDUNG ÜBER DIE BEDENKEN UND ANREGUNGEN

PLANGENEHMIGUNG

INKRAFTTRETEN DES BEBAUUNGSPLANS

| WA | III[1] |
|---|---|
| 0,3 [2] | 0,7[3] |
| O[4] | SD-40[5] |

1) Anzahl der möglichen Geschosse
2) GRZ: Anteil der bebaubaren Grundstücksfläche
3) GFZ: Anteil der Geschoßflächensumme pro Grundstück
4) Bauweise O = offen
5) Dachform und -neigung: Satteldach bis 40 Grad

Festsetzungen über *Baulinien* (das Gebäude muß auf dieser Linie gebaut werden), die sogenannte *Bauweise* (offen: Einzelhäuser mit Grenzabstand (Bauwich) oder geschlossen, z. B. Reihenhäuser) und die maximal überbaubare Grundstücksfläche (Festlegung der *Baugrenze*) ermöglichen es, die Stellung der Baukörper auf dem Grundstück recht exakt festzulegen. Die Festsetzungen im Bebauungsplan können bei Bedarf auch geschoßweise oder auf Dachflächen (Begrünung) gemacht werden. Insgesamt bieten das BauGB und die BauNVO der planenden Gemeinde ein Höchstmaß an Festsetzungsmöglichkeiten an, mit denen flexibel und differenziert auf das örtliche Umfeld und lokale Bedürfnisse eingegangen werden kann.

Nach dem Umfang ihrer Festsetzungen werden Bebauungspläne in *„qualifizierte"* und *„einfache" Pläne* unterschieden. Der qualifizierte Plan enthält mindestens Festsetzungen über Art und Maß der baulichen Nutzung, die überbaubaren Grundstücksflächen und die örtlichen Verkehrsflächen. Dennoch ist auch der „einfache" Bebauungsplan ein vollwertiger Plan. Ein einfacher Plan findet immer dann Anwendung, wenn nur eine begrenzte Anzahl von Festsetzungen getroffen werden soll.

Für die Zeit der Aufstellung von Bebauungsplänen gibt das Gesetz den Gemeinden das Instrument der *Veränderungssperre* an die Hand. Mit ihrer Hilfe kann verhindert werden, daß in diesem Zeitraum Fakten geschaffen werden, die den Zielen des künftigen Plans entgegenstehen. Der Sicherung der Bauleitplanung dienen auch die *Teilungsgenehmigung* und die *gemeindlichen Vorkaufsrechte*. Mit der Teilungsgenehmigung soll unter anderem verhindert werden, daß Grundstücke in einer Art und Weise geteilt werden, die eine spätere Bebauung unmöglich machen oder erschweren würden. Mit dem gemeindlichen *Vor-*

*Abbildung 27:* Maße der baulichen Nutzung

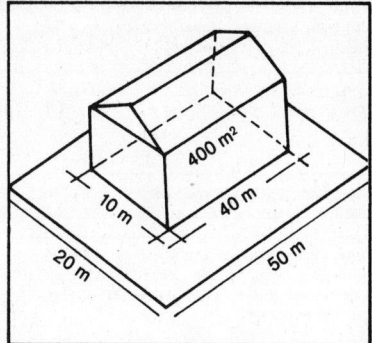

Grundflächenzahl (GRZ)

Grundstück x Grundflächenzahl = zulässige Grundfläche des Gebäudes

Beispiel GRZ = 0,4
1000 m² x 0,4 = 400 m²

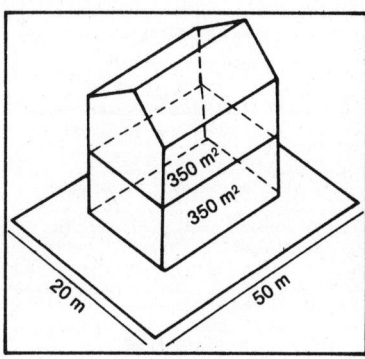

Geschoßflächenzahl (GFZ)

Grundstücksgröße x Geschoßflächenzahl = zulässige Gesamtgeschoßfläche des Gebäudes

Beispiel GFZ = 0,7

1000 m² x 0,7 = 700 m²

das sind bei 2geschossiger Bauweise 350 m² je Geschoß

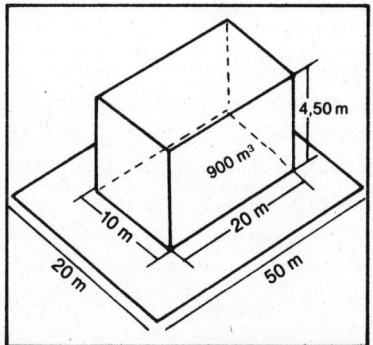

Baumassenzahl (BMZ)

Grundstücksgröße x Baumassenzahl = zulässige Baumasse (umbauter Raum)

Beispiel BMZ = 0,9

1000 m² x 0,9 = 900 m³

Wenn die Grundflächenzahl 0,2 ist, darf die Grundfläche 200 m² betragen. Die Höhe des Gebäudes ist dann
$$200 \text{ m}^2 \times \text{Höhe} = 900 \text{ m}^3$$
$$\text{Höhe} = \frac{900 \text{ m}^3}{200 \text{ m}^2}$$
$$h = 4,50 \text{ m}$$

Anm.: Nicht maßstabgetreu

Quelle: Städtebauliche Planung. Information Nr. 16. 1978 des Innenministeriums des Landes NRW

*Abbildung 28:* Art der baulichen Nutzung (BauNVO)

| W Wohnbau-flächen | WS Kleinsiedlungsgebiet | Vorwiegend Kleinsiedlungen, landwirtschaftliche Neben-erwerbsstellen |
|---|---|---|
| | WR Reines Wohngebiet | Wohngebäude, ausnahmsweise: Läden, nicht störende Handwerksbetriebe |
| | WA Allgemeines Wohngebiet | Wohngebäude, Läden, Schank- und Speisewirtschaften, kirchliche, kulturelle, soziale und gesundheitliche Anlagen |
| | WB Besonderes Wohngebiet | Wohngebäude, Läden, Schank- und Speisewirtschaften, Kirchen, kulturelle, soziale und gesundheitliche Anlagen, sonstige Gewerbebetriebe, ausnahmsweise zentrale Einrichtungen der Verwaltung |
| M Gemischte Bauflächen | MD Dorfgebiet | Land- und forstwirtschaftliche Betriebe, Kleinsiedlungen, Verarbeitungsbetriebe, Einzelhandel, Wirtschaften, Handwerksbetriebe, nicht störende Gewerbebetriebe, kirchliche, kulturelle, soziale Einrichtungen, Gärtnereien, Tankstellen |
| | MI Mischgebiet | Wohngebäude, Geschäfts- und Bürogebäude, Einzelhandel, Wirtschaften, nicht störendes Gewerbe, Verwaltung, Gärtnereien, Tankstellen |
| | MK Kerngebiet | Geschäfts-, Büro-, Verwaltungsgebäude, Einzelhandel, Wirtschaften, Beherbergung, Vergnügungsstätten, nicht störendes Gewerbe, Kirche, Kultur usw., Tankstellen, Wohnungen für Bereitschaft, ausnahmsweise: sonstige Wohnungen |
| G Gewerbl. Bauflächen | GE Gewerbegebiet | Gewerbe, nicht erheblich belästigend, Geschäfts-, Büro-, Verwaltungsgebäude, Tankstellen, ausnahmsweise: Wohnungen für Betriebsangehörige |
| | GI Industriegebiet | Industriebetriebe, Tankstellen, ausnahmsweise: Wohnungen für Betriebspersonal |
| S Sonder-bauflächen | SO Sondergebiete, die der Erholung dienen | Wochenendhäuser, Campingplatz |
| | SO Sonstige Sondergebiete, mit besonderer Zweckbestimmung | Gebiete mit besonderer Zweckbestimmung wie Hochschul-, Klinik-, Hafen- oder Ladengebiete |
| Bauflächen **Allgemeine** Art der Nutzung | Baugebiete **Besondere** Art der baulichen Nutzung | Zulässige Bebauung |

*kaufsrecht* kann die Gemeinde innerhalb eines geltenden Bebauungsplans Grundstücke erwerben, die sie zur Verwirklichung der Planung für den öffentlichen Bedarf benötigt.

## Bauen ohne Bebauungsplan

Im Innenbereich der Gemeinde kann in der Regel ohne Berücksichtigung eines Bauleitplans gebaut und geändert werden, denn hier geht es nur darum, sich an die vorhandene Bebauung anzupassen. Der Bereich gilt als „unbeplant" und ist nach § 34 *BauBG* zu behandeln. Voraussetzung ist, daß die Grundstücke erschlossen sind und sich das Bauvorhaben „in die Eigenart der näheren Umgebung einfügt". Dabei ist darauf zu achten, daß das Ortsbild nicht beeinträchtigt wird und die Anforderungen an gesunde Wohn- und Arbeitsverhältnisse gewahrt bleiben. Auch ohne Bebauungsplan kann die Gemeinde durch eine *Satzung* festlegen, welche Ortsteile als „im Zusammenhang bebaut" gelten sollen. Auch hierbei gilt die *Anpassungspflicht* an die Umgebung und die Orientierung an einer geordneten städtebaulichen Entwicklung. Mit einer derartigen Satzung können auch bebaute Teile des Außenbereichs zusammengefaßt und abgegrenzt werden. An die Verwirklichung von Einzelmaßnahmen im *Außenbereich* stellt der § 35 besondere Anforderungen.

## Die Sanierungssatzung

Sollen innerhalb einer Stadt erhebliche städtebauliche Mißstände beseitigt werden, so erfordert die damit zusammenhängende planmäßige Um- und Neugestaltung sowohl ein besonderes Engagement von Bund und Land hinsichtlich der Sanierungskosten als auch eine besondere Mitwirkung der Betroffenen an der Durchführung der Modernisierungs- und Instandsetzungsmaßnahmen. Deshalb werden städtebauliche Sanierungsmaßnahmen auf der Grundlage einer förmlich aufgestellten und beschlossenen Sanierungssatzung durchgeführt, an der die Betroffenen „möglichst frühzeitig" beteiligt werden müssen.

# Die Erhaltungssatzung

Das Gegenstück zur Sanierungssatzung ist die Erhaltungssatzung. Die besondere Ausweisung eines Gebietes, auf dem bauliche Änderungen oder Nutzungsänderungen genehmigungspflichtig sind, ist dann angezeigt, wenn nach § 172 BauGB die besondere Eigenart eines Gebietes bewahrt und die Zusammensetzung der Wohnbevölkerung erhalten werden soll.

# Städtebauliche Gebote

Städtebauliche Gebote sind ein Instrumentarium der Gemeinden zur Stadtgestaltung:

- Das *Baugebot:* Dieser Verwaltungsakt verpflichtet zur Bebauung eines Grundstückes innerhalb einer bestimmten Frist, zur Schließung von Baulücken oder zur Anpassung vorhandener Bauten an die Festsetzungen des Bebauungsplans.
- Das *Modernisierungs- und Instandsetzungsgebot:* Wenn so große Mängel bestehen, daß von einem Haus Gefahren für das gesunde Wohnen und Arbeiten ausgehen oder wenn eine Anlage städtebauliche Bedeutung hat und dringend erneuerungsbedürftig ist, dann kann die Gemeinde Hausbesitzer verpflichten, innerhalb einer gesetzten Frist Mißstände oder Mängel zu beseitigen.
- Das *Pflanzgebot*: Damit kann die Gemeinde Grundeigentümer verpflichten, die im Bebauungsplan festgesetzten Pflanzungen vorzunehmen. Beim wachsenden Einsatz von „Ausgleichsgrün" für versiegelte Flächen wächst die Bedeutung dieses Gebotes.
- Das *Abbruchgebot*: Weist ein Gebäude so große Mängel auf, daß sie durch Modernisierung oder Instandsetzung nicht behoben werden können, so verpflichtet das Abbruchgebot die Haus- und Grundeigentümer zur Beseitigung dieser Bauten.

# Planungsschadensrecht

Das Planungsschadensrecht kommt dann zum Zuge, wenn durch kommunale Planung eine *Wertminderung* von Grundstücken erfolgt. In der kommunalen Praxis wird dieses Recht nur selten förmlich angewandt, da in der Regel die Gemeinden durch den Erwerb derartiger Grundstücke möglichen Konflikten aus dem Weg gehen. Angesichts von Umnutzungsprozessen zugunsten von mehr Grünflächen oder der Herabzonung von Festsetzungen, z. B. von Industrieflächen (GI) in weniger belastete Gewerbeflächen (GE), kann die richtige Anwendung des Planungsschadensrechts eine neue Bedeutung bekommen.

Private Wertminderungen sind denkbar, wenn ein Grundstück in seiner bisherigen Nutzbarkeit wesentlich eingeschränkt („herabgezont") wird. Eine Wertminderung entsteht auch dadurch, daß ein privat genutztes Grundstück für öffentliche Zwecke gebraucht wird. Schließlich können Planungsschäden auch dadurch entstehen, wenn im Vertrauen auf einen rechtsverbindlichen Bebauungsplan bereits Zahlungen erfolgt sind, die dann durch Änderung oder Aufhebung des Bebauungsplans hinfällig werden (z. B. gezahlte Erschließungsbeiträge).

## Die gerichtliche Überprüfung der Bauleitplanung

Vom Bebauungsplan betroffene Bürgerinnen und Bürger können den Bebauungsplan im Verwaltungsgerichtsverfahren überprüfen lassen. Die sogenannte *Normenkontrolle* durch die Oberverwaltungsgerichte bzw. Verwaltungsgerichtshöfe der Länder kann jeder anstreben, der durch den betreffenden Bebauungsplan einen Nachteil erlitten oder zu erwarten hat. Mit dem Baugesetzbuch von 1986 ist ein weiterer Schritt unternommen worden, um die Prozeßanfälligkeit von Bauleitplänen zu reduzieren.

Danach kann die Mehrzahl der Form- und Verfahrensfehler nur dann vor Gericht verhandelt werden, wenn sie vom Bürger innerhalb eines Jahres schriftlich gegenüber der Gemeinde geltend gemacht worden sind. Ausnahmen von diesem Grundsatz bilden schwere Verstöße bei der Beschlußfassung als Satzung, beim Genehmigungsverfahren oder bei der Fehlerhaftigkeit der Bekanntmachung des Plans.

Inhaltliche, sogenannte materielle Fehler von Bauleitplänen werden nach einer Frist von 7 Jahren als geheilt angesehen, weil dann das Vertrauen der Bürger auf den Bestand dieser Planung höher gewertet wird als das rechtsstaatliche Interesse an der Rechtmäßigkeit. Von der gerichtlichen Überprüfung ausgenommen wurden die Vorschriften über die frühzeitige Bürgerbeteiligung, die deswegen aber nicht an Bedeutung verliert. Zum einen, weil sie zur demokratischen Grundausstattung kommunaler Planung gehört. Zum anderen, weil alle Form- und Verfahrensfehler der *Rechtsaufsicht* der Genehmigungs- oder Anzeigebehörde unterliegen. Die Einschränkung der gerichtlichen Überprüfbarkeit entbindet die kommunalen Aufsichtsbehörden nicht von ihren Verpflichtungen, vor der Genehmigung von der Gemeinde die Beseitigung von Fehlern zu verlangen.

## Die Baugenehmigung

Sie ist für Bauwillige die nächste Hürde nach der kommunalen Bauleitplanung. Zwar besteht in der Bundesrepublik Baufreiheit, d. h. jeder Eigentümer hat das Recht, sein Grundstück nach Belieben zu bebauen, jedoch ist dieses Recht durch die jeweilige *Landesbauordnung* eingeschränkt, um eine geordnete bauliche Entwicklung der Gemeinde zu ermöglichen. Der schriftliche *Bauantrag* ist an eine Reihe sogenannter Bauvorlagen, z. B. Grundbuchauszug, Statik usw., zur Beurteilung des Vorhabens gebunden sowie an einen beruflich bauvorlageberechtigten Personenkreis (Architekten/Ingenieure).

Die *Bauaufsicht* soll sicherstellen, daß die Erhaltung der öffentlichen Sicherheit und Ordnung gewährleistet bleibt. Sie ist berechtigt, Befreiungen von den Bestimmungen der Landesbauordnung zu gewähren, ansonsten wacht sie darüber, ob die vielfältigen Vorschriften der Landesbauordnung eingehalten werden. Der Bauaufsichtsbehörde obliegt auch die Bauabnahme. Sie ist berechtigt, Grundstücke zu betreten, und kann die teilweise oder die vollständige Beseitigung baulicher Anlagen dann anordnen, wenn die Anlage im Widerspruch zu öffentlich-rechtlichen Vorschriften errichtet wurde oder wenn rechtmäßige Zustände auf andere Weise nicht hergestellt werden können.

# Kapitel XVI
# Aufgaben moderner Stadtentwicklungsplanung

## 1. Der Blick zurück

Planen bedeutet einen Entwurf für die Zukunft zu erstellen, aber verwirklichte Planungen können auch Chancen verbauen. Wenn heute positive Erfahrungen gesucht werden, dann ist der kritische Blick zurück in die Vergangenheit unverzichtbar. Dabei können wir erkennen, daß auch Planer bestimmten Modeentwicklungen unterlagen und manche Kommunalpolitiker ihre Entscheidungen in Expertengläubigkeit trafen.

Der Lebensraum Stadt ist von so unterschiedlichen Interessen geprägt, daß ein einzelnes starkes *Leitbild* wenig geeignet erscheint, der Konkurrenz dieser unterschiedlichen Wünsche gerecht zu werden. Einheitliche Leitbilder wie „Autogerechte Stadt", „Funktionstrennung", „Trabantenstädte" usw. machen einem Verständnis von Stadtentwicklung Platz, das über die baulichen Strukturen hinaus die sozialen, ökologischen und kulturellen *Verflechtungen* mit einbezieht. Dabei entspricht es diesem Gedanken, sich nicht einseitig an bestimmten Bürgergruppen (z. B. Gutverdienende) mit der Aufwertung „glitzernder Innenstädte" zu orientieren, sondern die Stadt als öffentlichen Raum für *alle* Bürger zu gewinnen.

## 2. Veränderte Rahmenbedingungen

Zukünftige Stadtentwicklung erfolgt im Spannungsverhältnis zwischen globalen Rahmenbedingungen (z. B. das Zusammenwachsen Europas) und konkreten örtlichen Auswirkungen (z. B. Standortentscheidungen, soziale Kompensationen). Der *Verteilungskampf* durch die regionale Konkurrenz in Europa wird

Auswirkungen auf die Stadtentwicklung zumindest in Ballungs-
gebieten haben. Der phasenmäßig verlaufende *technologische
Wandel* bringt insbesondere mit dem Ausbau der Informations-
technologie eine größere *Standortunabhängigkeit der Investoren* und einen Wertewandel hin zu mehr Selbstentfaltungswer-
ten und steigenden Freizeitbedürfnissen bei den Beschäftigten.

Zukunftsträchtige Branchen konzentrieren sich auf die großen Verdichtungsräume, dort allerdings *dezentral* auf Standorte
mit qualitativ hochwertigem Umfeld. Damit weiten sich die Bal-
lungsräume aus. Dies bringt gerade auch für diejenigen Kommunen Probleme mit sich, die von sozialen und ökologischen *Folgen
der Deindustrialisierung* betroffen sind und für den Strukturwandel Ausgleichszahlungen benötigen.

Die Produktivität wird auch in Zukunft schneller wachsen als
die Produktion. Das benötigte gesellschaftliche Arbeitsvolumen
wird dadurch kleiner, die Bedeutung der Freizeit steigt weiter.
Die *Bevölkerungsentwicklung* auf dem Gebiet der gesamten
Bundesrepublik wird als insgesamt *rückläufig* prognostiziert. Ab
dem Jahr 2000 wird sich der Rückgang beschleunigen. Dies erfolgt jedoch nicht zeitlich gleichmäßig und auch mit regionalen
Unterschieden, wie die *Binnenwanderung* aus den neuen Bundesländern zeigt. *Ältere Menschen* werden dann nicht nur anteilsmäßig das Übergewicht haben, sondern auch mit ihren An-
sichten, was sich im Wahlverhalten und in der Kommunalpolitik
widerspiegeln wird.

Sich daraus ergebende Änderungen der Strukturen hin zu
*Ein-Personen-Haushalten* werden sich fortsetzen. Der Prozeß
des *Wertewandels* wird auch die Siedlungsstruktur beeinflussen
durch die Zielsetzungen einer ökologischen und sozialen Ver-
träglichkeit beim Wohnen. Die Phase der hohen wirtschaftlichen
Wachstumsrate der achtziger Jahre ist vorbei, und die öffentlichen Einnahmen stagnieren bei wachsendem Bedarf. Damit erhöhen sich die *Verteilungsprobleme innerstädtisch*, aber auch
zwischen Bund, Ländern und Gemeinden.

# 3. Ökologische und soziale Stadterneuerung

Aus dem Vorstehenden ergibt sich die Aufgabenstellung einer behutsamen und umfassenden Stadterneuerung. Statt neuem Flächenverbrauch sind Projekte „im Bestand" gefordert:

- Die Erhaltung und Modernisierung von preiswerten Wohnungen, da *Altbaubestände* in Zukunft noch wichtiger für die geringer verdienenden Haushalte werden.
- *Freihalten von Flächen* von der Bebauung und Bindungen für Bepflanzungen. Das Ausweisen von Flächen für die Abfallentsorgung (z. B. Kompostieren, Recycling).
- Die Verbesserung der *sozialen Infrastruktur* durch lokale Angebote für soziale Kontakte und Hilfestellungen.
- Die Förderung von Mobilitätsbedürfnissen, die sich nicht nur am Auto orientieren, und die *Umgestaltung des innerörtlichen Straßennetzes* hin zu mehr Verkehrsberuhigung und Verkehrssicherheit.
- Die bewußte Gestaltung der Stadt und die Pflege des typischen Stadtbildes, um den Menschen *Identifikationsmöglichkeiten* mit ihrer Gemeinde oder dem Stadtteil zu geben.
- Die Verbesserung der ökologischen Situation insbesondere in dichtbebauten Stadtteilen durch *Wohnumfeldmaßnahmen.*
- Die Aufarbeitung von *Brachflächen* sowie die Verbesserung der innerörtlichen Gewerbeflächen als Voraussetzung für Entwicklungsspielräume bestehender kleiner und mittelgroßer Betriebe.

# 4. Ziele für die Stadtentwicklungsplanung

Eine integrative Stadtentwicklungsplanung ist kleinteilig, erfaßt das ganze Stadtgebiet, d. h. verzichtet auf spektakuläre Großprojekte. Sie distanziert sich aber auch von der Sehnsucht nach der vermeintlichen Idylle vergangener Zeiten. Der vielbeschworene „menschliche Maßstab" ist nicht in erster Linie eine Frage von Fassaden, sondern der Nutzungen dahinter. Zu verhindern sind maßstabslose Nutzungen in den Quartieren.

*Viele kleine Veränderungen* sind besser als wenige große. Gefordert wird die Möglichkeit einer Finanzierung zusammenhängender Stadterneuerungsmaßnahmen, ohne die Hemmnisse der „Töpfe" einer jeweils isolierten Förderbürokratie. Eine besondere Herausforderung für eine integrierte Aufgabenerledigung ist die *Koordinierung* einer hochspezialisierten Verwaltung, insbesondere in den großen Städten. Zu einer modernen Verwaltung gehört auch das *kooperative Verhalten*, um mit allen an der Planung Beteiligten gemeinsam zu handeln. Dabei geht es nicht nur um modellhafte Initiativen, die die Eigenkräfte für eine wirtschaftliche, soziale, kulturelle Entfaltung anregen, sondern auch um das bewußte Organisieren der *Mitarbeit von sozial nicht so starken Bevölkerungsgruppen*. Im Bereich des Bauplanungsrechts geht es um die Anwendung bereits bestehender gesetzlicher Regelungen. Bei der Inanspruchnahme unbebauter Flächen ist das ökologisch orientierte Rechtsinstrumentarium allerdings noch zu unbestimmt. „Bauen und alles verändern – das ist die Kunst der Spekulanten. Vieles verhindern und (fast) nichts verändern, das ist die Kunst der Stadtplaner!" (Nikola Dischkoff, Regionalplaner, Frankfurt/M.)

Die *Aufgabenbeschreibung für die Kommunalpolitiker* ist wenig spektakulär: Sie sollten den Experten die richtigen Fragen stellen und sich selbst befragen, wie sie leben wollen, welchen Bauformen sie zustimmen können und welche Trends, die die weitere Entwicklung beeinflussen werden, für ihre Gemeinde besonders wichtig sind. Sie sollten neue Wege suchen, die unserem Lebensgefühl besser entsprechen, ökologischen und sozialen Fortschritt bedeuten und die den Menschen Chancen eröffnen, am gesellschaftlichen Leben teilzuhaben, anstatt Hemmschwellen aufzubauen. Vor allem aber sollten sie über Planungsfragen den öffentlichen Dialog suchen, damit kommende Generationen möglichst wenig Fehler zu korrigieren haben.

# Kapitel XVII
## Wer kann weiterhelfen?

a) Die Kommunalpolitiker der Parteien haben sich organisiert in:

| | |
|---|---|
| Sozialdemokratische Gemeinschaft für Kommunalpolitik Bundes – SGK mit Länderbüros | Bonner Str. 48, 53173 Bonn Tel.: 02 28/53 23 92-5 Zeitschrift: „Die demokratische Gemeinde" |
| Kommunalpolitische Vereinigung der CDU und CSU (KPV) | Friedrich-Ebert-Allee 73–75 53113 Bonn Tel.: 02 28/54 42 46–7 |
| Bundesvereinigung Liberaler Kommunal- politiker e.V. | Adenauerallee 266 53113 Bonn Tel.: 02 28/54 73 22 |

b) Kommunalpolitische Seminare und Tagungen führen auch die parteinahen Stiftungen durch:

| | |
|---|---|
| Friedrich-Ebert- Stiftung e. V. (FES) | Godesberger Allee 149 53175 Bonn Tel.: 02 28/88 31 |
| Konrad-Adenauer- Stiftung e. V. (KAS) | Rathausallee 12 53757 St. Augustin Tel.: 0 22 41/24 60 |

| Friedrich-Naumann-Stifung | Königswinterer Str. 409 |
| | 53639 Königswinter |
| | Tel.: 02223/7010 |

Heinrich-Böll-Stiftung

Rosenthalerstr. 40/41
10178 Berlin
Tel.: 030/285340

Hanns-Seidel-Stiftung e.V.

Lazarettstr . 33
80636 München
Tel.: 089/12580

c) Die gemeinsamen Interessen der Kommunen
werden vor allem von drei Spitzenverbänden
wahrgenommen (in der Regel mit Landesorganisa-
tionen in den Landeshauptstädten):

Deutscher Städtetag (DST)

Lindenallee 13–17
50968 Köln-Marienburg
Tel.: 0221/37710
Zeitschrift: „Der
Städtetag",
Kommunale Korrespondenz,
Mitteilungen

Städte- und
Gemeindebund

Kaiserwerther Str. 199-201
40474 Düsseldorf
Tel.: 0211/45871
Zeitschrift: „Städte- und
Gemeindebund"

Deutscher Landkreistag       Adenauerallee 136
                            53113 Bonn
                            Tel.: 0228/228030
                            Zeitschrift: „Der
                            Landkreis"


d) Als Beratungsinstitut für die Kommunen arbeitet:

Deutsches Institut          Straße des 17. Juni 112
für Urbanistik (Difu)       10623 Berlin
                            Tel.: 030/390010

                            Abt. Köln, Lindenallee 11
                            50968 Köln
                            Tel.: 0221/3771144


e) Grundsätze und Gutachten für eine wirtschaftlich
   arbeitende Verwaltung liefert die:

Kommunale                   Lindenallee 13–17
Gemeinschaftsstelle für     50968 Köln
Verwaltungsvereinfachung    Tel.: 0221/376890
(KGSt)


f) Zur Interessenvertretung kommunaler Fachge-
   biete gibt es eine Vielzahl von Fachorganisationen,
   z. B.:

– Verband kommunaler Unternehmen e.V. (VKU)
– Verband öffentlicher Verkehrsbetriebe (VÖV)
– Verband kommunaler Stadtreinigungsbetriebe
– Deutscher Verein für öffentliche und private Fürsorge
– Deutscher Sparkassen- und Giroverband
– Deutsche Sportkonferenz

## Zum Autor

Wolfgang Gisevius, geb. 1943, Dipl.-Volkswirt, ist Stadtverord-
neter und Vorsitzender der Ratsfraktion in einer nordrhein-
westfälischen Stadt und Direktor der Alfred-Nau-Akademie der
Friedrich-Ebert-Stiftung in Bergneustadt.